**POLÍTICA
E EDUCAÇÃO**

**POLÍTICA
E EDUCAÇÃO**

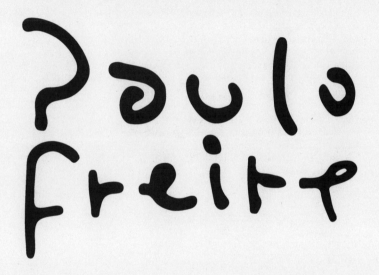

13ª edição

Rio de Janeiro
2024

Copyright © 1997 by Editora Villa das Letras

Todos os esforços foram feitos para localizar os autores das imagens e dos textos reproduzidos neste livro. A editora compromete-se a dar os devidos créditos em uma próxima edição, caso os autores reconheçam e possam provar sua autoria. Nossa intenção é divulgar o pensamento de Paulo Freire, sem qualquer intuito de violar direitos de terceiros.

Imagens de capa: Foto de Paulo Freire, acervo de Ana Maria Araújo Freire; assinatura original de Paulo Freire

Direitos de edição da obra em língua portuguesa no Brasil adquiridos pela EDITORA PAZ E TERRA. Todos os direitos reservados. Nenhuma parte desta obra pode ser apropriada e estocada em sistema de bancos de dados ou processo similar, em qualquer forma ou meio, seja eletrônico, de fotocópia, gravação etc., sem a permissão do detentor do copyright.

Editora Paz e Terra Ltda.
Rua Argentina, 171 – 20921-380 – Rio de Janeiro, RJ – Tel: (21) 2585-2000
http://www.record.com.br

Seja um leitor preferencial Record.
Cadastre-se e receba informações sobre nossos lançamentos e nossas promoções.

Atendimento e venda direta ao leitor:
sac@record.com.br

Texto revisado segundo o Acordo Ortográfico da Língua Portuguesa de 1990.

CIP-BRASIL. CATALOGAÇÃO NA PUBLICAÇÃO
SINDICATO NACIONAL DOS EDITORES DE LIVROS, RJ

F934p
13ª ed.

Freire, Paulo, 1921-1997
 Política e educação/Paulo Freire; [organização Ana Maria de Araújo Freire].
 – 13ª ed. – Rio de Janeiro/São Paulo: Paz e Terra, 2024.
 144 p.: il.; 21 cm.

 Bibliografia
 ISBN 978-85-7753-434-0

 1. Freire, Paulo, 1921-1997. 2. Política e educação - Brasil. 3. Pedagogia. I. Título.

13-07962

CDD: 370.1
CDU: 37.01

Impresso no Brasil
2024

À
Nita, minha mulher.

Com amor e gratidão,
Paulo

Sumário

PREFÁCIO	9
Primeiras palavras	13
Educação permanente e as cidades educativas	21
Educação de adultos hoje. Algumas reflexões	33
Anotações sobre unidade na diversidade	37
Educação e qualidade	43
Alfabetização como elemento de formação da cidadania.	53
Do direito de criticar — do dever de não mentir, ao criticar	69
Educação e participação comunitária	77
Ninguém nasce feito: é experimentando-nos no mundo que nós nos fazemos	93
Educação e responsabilidade	105
Escola pública e educação popular	113
Universidade católica — Reflexões em torno de suas tarefas	129

Prefácio
*Venício A. de Lima**

Na breve introdução — que chamou de "Primeiras Palavras" — escrita pelo próprio Paulo Freire para esta coletânea, ele afirma que a reflexão político-pedagógica é uma nota que atravessa todos os onze textos aqui reunidos. Em sua quase totalidade foram escritos no correr do ano de 1992 para apresentação e discussão em seminários realizados no Brasil e no exterior. Ao reuni-los, Freire declarou-se satisfeito se *provocarem os leitores e leitoras no sentido de uma compreensão crítica da História e da educação*.

Unificados pela preocupação político-pedagógica, os textos cobrem um leque de temas que vai das cidades educativas às tarefas de uma universidade católica, passando por educação de adultos e popular, alfabetização, participação comunitária, qualidade e responsabilidade na educação, além de reflexões filosóficas sobre a unidade na diversidade, a experiência no mundo como chave para se realizar humanamente e o direito de crítica.

Creio, no entanto, que o leitor ou a leitora familiarizado (a) com o pensamento freireano, não terá dificuldade em reconhecer neste *Política e educação* convicções e argumen-

---
* Sociólogo e jornalista, autor de *Comunicação e Cultura, as ideias de Paulo Freire*, Fundação Perseu Abramo, 2011.

tos elaborados e desenvolvidos por Freire ao longo de toda a sua obra além de terem sido também experimentados em sua *práxis* educacional e política.

Em 1992, Freire era um intelectual plenamente maduro, reconhecido e realizado. Durante sua longa experiência de exílio tivera contato com realidades radicalmente distintas no mundo desenvolvido e nas novas nações africanas que confirmavam suas vivências de nordestino brasileiro. Havia lecionado nas mais conceituadas universidades do planeta e seus inúmeros livros estavam traduzidos nos principais idiomas modernos. De volta ao Brasil, tinha sido um dos fundadores do Partido dos Trabalhadores e Secretário de Educação da Prefeitura de São Paulo.

Por tudo isso, Freire tinha autoridade para retomar um tema de centralidade indiscutível em sua obra: *não há educação neutra. O ato de educar é fundamentalmente um ato político*. No pensamento freireano não há lugar para a falsa neutralidade política do educador.

Em escritos anteriores, Freire insiste que o ato de conhecer se realiza no plano social, *o verdadeiro ato de conhecer é sempre um ato de engajamento*. A educação libertadora não apenas supõe coparticipação e reciprocidade, mas acima de tudo constitui um processo significativo que é compartilhado por Sujeitos iguais entre si numa relação também de igualdade. A prática educativa deve ser vivida pelos seres humanos como a sua vocação humana. Em outras palavras, deve ser vivida em sua dimensão política.

A mais candente defesa da dimensão política da educação é feita por Freire em sua obra maior, a *Pedagogia do oprimido*. A educação é definida como sendo um *encontro entre homens [e mulheres], mediados pela palavra, a fim de dar nome ao mundo.* Cristão convicto, recorre ao mito do Gênesis, no qual o domínio de Adão sobre o universo é representado por sua ação de dar nome aos animais. Freire introduz a ideia de *dizer a palavra verdadeira* ou *dar nome ao mundo* enquanto dimensão política específica do diálogo que produz o conhecimento. Fenômeno humano, a palavra surge como *essência do próprio diálogo,* porém ela é algo mais que um instrumento que torna possível o diálogo. Nos seus elementos constitutivos, Freire encontra duas dimensões — a reflexão e a ação — *numa interação tão profunda que se uma é sacrificada, ainda que em parte, a outra sofre imediatamente.* As consequências são ou o verbalismo — o sacrifício da ação —, ou o ativismo — o sacrifício da reflexão. Freire conclui, então, afirmando que *não há palavra verdadeira que não seja ao mesmo tempo práxis.* Assim, *dizer a palavra verdadeira é transformar o mundo.*

Essa é a mesma linha de argumentação que está anunciada ainda nas "Primeiras Palavras" de *Política e educação* nas quais Freire reconhece que a preocupação com a natureza humana é uma das constantes nas suas reflexões e afirma:

> "Para que os seres humanos se movam no tempo e no espaço no cumprimento de sua *vocação,* na realização de seu *destino* (...) é preciso que se envolvam permanentemente no domínio político, refazendo sempre as estruturas sociais, econômicas, em que se dão as relações de poder e se geram as ideologias (...). Sem a luta política, que é a luta pelo poder, essas condições necessárias não se criam."

Numa época em que se tornou corriqueiro considerar os paradigmas explicativos sobre o ser humano e seu lugar no mundo obsoletos ainda durante a vida de seus autores ou autoras, poucos são aqueles ou aquelas que conseguem sobreviver e permanecer fecundos e atuais mesmo depois de seu próprio tempo. Paulo Freire é, certamente, um desses pensadores ou pensadoras cuja obra escapa da transitoriedade contemporânea.

O leitor e a leitora de *Política e educação* vão encontrar aqui textos, na sua maioria escritos há cerca de 15 anos, impregnados das ideias-chave que Freire desenvolveu ao longo de sua vida e que, no entanto, estão não só carregados de atualidade, mas são desafiadores e criativos, sobretudo para aqueles educadores e educadoras comprometidos com a transformação do seu mundo no seu tempo.

Brasília, março de 2007.

Primeiras palavras

Os textos que compõem este pequeno volume, com exceção de apenas um, "Alfabetização como elemento de formação da cidadania", foram escritos no decorrer de 1992 e discutidos em reuniões realizadas ora no Brasil, ora fora dele.

Há uma nota que os atravessa a todos: a reflexão político-pedagógica. É esta nota que, de certa maneira, os unifica ou lhes dá equilíbrio enquanto conjunto de textos.

Gostaria de tecer uns poucos comentários nesta espécie de conversa direta com os seus prováveis leitores em torno de dois ou mais pontos de reflexão político-pedagógica a eles sempre presentes.

O primeiro a sublinhar é a posição em que me acho, criticamente em paz com minha opção política, em interação com minha prática pedagógica. Posição não dogmática, mas serena, firme, de quem se encontra em permanente estado de busca, aberto à mudança, na medida mesma em que, de há muito, deixou de estar demasiado certo de suas certezas.

Quanto mais certo de que estou certo me sinto convencido, tanto mais corro o risco de dogmatizar minha postura, de *congelar-me* nela, de fechar-me sectariamente no ciclo de minha verdade.

Isto não significa que o correto seja "perambular" irresponsavelmente, receoso de afirmar-me. Significa reconhecer o caráter histórico de minha certeza. A historicidade do conhecimento, a sua natureza de processo em permanente devir. Significa reconhecer o conhecimento como uma produção social, que resulta da ação e da reflexão, da *curiosidade* em constante movimento de procura. Curiosidade que terminou por se inscrever historicamente na natureza humana e cujos objetos se dão na História, pois é na prática histórica que se gestam e se aperfeiçoam os métodos de aproximação aos objetos de que resulta a maior ou menor exatidão dos *achados*. Métodos sem os quais a curiosidade, tornada epistemológica, não ganharia eficácia. Mas, ao lado das certezas históricas em torno das quais devo estar sempre aberto à espera da possibilidade de revê-las, eu tenho certezas ontológicas também. Certezas ontológicas, social e historicamente fundadas. Por isso é que a preocupação com a natureza humana se acha tão presente em minhas reflexões. Com a natureza humana constituindo-se na História mesma e não antes ou fora dela. É historicamente que o ser humano veio virando o que vem sendo: não apenas um ser finito, inconcluso, inserido num permanente movimento de busca, mas um ser consciente de sua finitude. Um ser que, vocacionado para *ser mais*, pode, historicamente, porém, perder seu endereço e, distorcendo sua vocação, desumanizar-se.[1] A desumanização, por isso mesmo, não é *vocação* mas *distorção da vocação* para

---

1. A este propósito ver Paulo Freire: *a) Pedagogia do oprimido*. Rio de Janeiro: Paz e Terra, 1975; b) *Pedagogia da esperança*. São Paulo: Paz e Terra, 1992.

o *ser mais*. Por isso, digo, num dos textos deste volume, que toda prática, pedagógica ou não, que trabalhe contra este núcleo da natureza humana é imoral.

Esta vocação para o *ser mais* que não se realiza na inexistência de *ter,* na indigência, demanda liberdade, possibilidade de decisão, de escolha, de autonomia. Para que os seres humanos se movam no tempo e no espaço no cumprimento de sua *vocação,* na realização de seu *destino,* obviamente não no sentido comum da palavra, como algo a que se está fadado, como sina inexorável, é preciso que se envolvam permanentemente no domínio político, refazendo sempre as estruturas sociais, econômicas, em que se dão as relações de poder e se geram as ideologias. A vocação para o *ser mais,* enquanto expressão da natureza humana fazendo-se na História, precisa de condições concretas sem as quais a vocação se distorce.

Sem a luta política, que é a luta pelo poder, essas condições necessárias não se criam. E sem as condições necessárias à liberdade, sem a qual o ser humano se imobiliza, é privilégio da minoria dominante quando deve ser apanágio seu. Faz parte ainda e necessariamente da *natureza humana* que tenhamos nos tornado este *corpo consciente* que estamos sendo. Este corpo em cuja prática *com* outros corpos e *contra* outros corpos, na experiência social, se tornou capaz de produzir socialmente a linguagem, de mudar a qualidade da curiosidade que, tendo nascido com a *vida,* se aprimora e se aprofunda com a *existência humana*. Da curiosidade ingênua que caracterizava a leitura pouco rigorosa do mundo à curiosidade exigente, metodizada com rigor, que procura *achados* com maior exatidão. O que significou mudar também a possibilidade de conhecer, de ir mais além de um conhecimento opinativo pela capacidade de apreender com rigor crescente a razão de ser do objeto da curiosidade.

Um dos riscos que necessariamente correríamos ao ultrapassar o nível meramente opinativo de conhecer, com a metodização rigorosa da curiosidade, era a tentação de supervalorizar a ciência e menosprezar o senso comum. Era a tentação, que se concretizou no cientificismo que, ao absolutizar de tal maneira a força e o papel da ciência, terminou por quase magicizá-la.

É urgente, por isso mesmo, desmitificar e desmistificar a ciência, quer dizer, pô-la no seu lugar devido, respeitá-la, portanto.

O *corpo consciente* e curioso que estamos sendo se veio tornando capaz de compreender, de inteligir o mundo, de nele intervir técnica, ética, estética, científica e politicamente.

Consciência e mundo não podem ser entendidos separadamente, dicotomizadamente, mas em suas relações contraditórias. Nem a consciência é a fazedora arbitrária do mundo, da objetividade, nem dele puro reflexo.

A importância do papel interferente da subjetividade na História coloca, de modo especial, a importância do papel da educação.

Se os seres humanos fossem puramente determinados e não seres "programados para aprender"[2], não haveria por que, na prática educativa, apelarmos para a capacidade críti-

---

2. François Jacob. Nous sommes programmés, mais pour apprendre, *Le Courrier de L'Unesco*. Paris, fevereiro, 1991.

ca do educando. Não havia por que falar em educação para a decisão, para a libertação. Mas, por outro lado, não havia também por que pensar nos educadores e nas educadoras como sujeitos. Não seriam sujeitos, nem educadores, nem educandos, como não posso considerar Jim e Andra, meu casal de cães pastores-alemães, sujeitos da prática em que adestram seus filhotes, nem a seus filhotes objetos daquela prática. Lhes faltam a decisão, a faculdade de, em face de modelos, romper com um, optar por outro.

A nossa experiência, que envolve condicionamentos mas não determinismo, implica decisões, rupturas, opções, riscos. Vem se fazendo na afirmação, ora da autoridade do educador que, exacerbada, anula a liberdade do educando, caso em que este é quase *objeto,* ora na afirmação de ambos, respeitando-se em suas diferenças, caso em que são, um e outro, sujeitos e objetos do processo, ora pela anulação da autoridade, o que implica um clima de irresponsabilidade.

No primeiro caso, temos o autoritarismo; no segundo, o ensaio democrático, no terceiro, o espontaneísmo licencioso. No fundo, conceitos — autoritarismo, ensaio democrático, espontaneísmo — que só fomos capazes de inventar porque, primeiro, somos seres programados, condicionados e não determinados; segundo, porque, antes de inventá-los, experimentamos a prática abstratizada por eles.

Enquanto condicionados nos veio sendo possível refletir criticamente sobre o próprio condicionamento e ir mais além dele, o que não seria possível no caso do determinismo. O ser determinado se acha *fechado* nos limites de sua determinação.

A prática política que se funda na compreensão mecanicista da História, redutora do *futuro* a algo inexorável, "castra" as mulheres e os homens na sua capacidade de decidir, de optar, mas não tem força suficiente para mudar a natureza mesma da História. Cedo ou tarde, por isso mesmo, prevalece a compreensão da História como *possibilidade*, em que não há lugar para as explicações mecanicistas dos fatos nem tampouco para projetos políticos de esquerda que não apostam na capacidade crítica das classes populares.

Neste sentido, aliás, as lideranças progressistas que se deixam tentar pelas táticas emocionais e místicas por lhes parecerem mais adequadas às condições histórico-sociais do contexto, terminam por reforçar o atraso ou a *imersão* em que se acham as classes populares devido aos níveis de exploração e submissão a que se acham tradicionalmente submetidas pela realidade favorável às classes dominantes. Obviamente que seu equívoco não está em respeitar seu estado de *preponderantemente imersas* na realidade, mas em não problematizá-las.

É assim que se impõe o reexame do papel da educação que, não sendo fazedora de tudo, é um fator fundamental na reinvenção do mundo.

Na pós-modernidade progressista, enquanto clima histórico pleno de otimismo crítico, não há espaço para otimismos ingênuos nem para pessimismos acabrunhadores.

Como processo de conhecimento, formação política, manifestação ética, procura da boniteza, capacitação científica e técnica, a educação é prática indispensável aos seres humanos e deles específica na História como movimento, como luta. A História como possibilidade não prescinde da controvérsia, dos conflitos que, em si mesmos, já engendrariam a necessidade da educação.

O que a pós-modernidade progressista nos coloca é a compreensão realmente dialética da confrontação e dos conflitos e não sua inteligência mecanicista. Digo realmente dialética porque muitas vezes a prática assim chamada é, de fato, puramente mecânica, de uma dialética domesticada. Em lugar da decretação de uma nova História sem classes sociais, sem ideologia, sem luta, sem utopia e sem sonho, o que a cotidianidade mundial nega contundentemente, o que temos a fazer é repor o ser humano que atua, que pensa, que fala, que sonha, que ama, que odeia, que cria e recria, que sabe e ignora, que se afirma e que se nega, que constrói e destrói, que é tanto o que *herda* quanto o que *adquire,* no centro de nossas preocupações. Restaurar assim a significação profunda da radicalidade. A radicalidade de meu ser, enquanto gente e enquanto mistério, não permite, porém, a inteligência de mim na estreiteza da singularidade de apenas um dos ângulos que só aparentemente me explica. Não é possível entender-me apenas como classe, ou como raça ou como sexo, mas, por outro lado, minha posição de classe, a cor de minha pele e o sexo com que cheguei ao mundo não podem ser esquecidos na análise do que faço, do que penso, do que digo. Como não pode ser esquecida a experiência social de que participo, minha formação, minhas crenças, minha cultura, minha opção política, minha esperança.

Me darei por satisfeito se os textos que se seguem provocarem os leitores e leitoras no sentido de uma compreensão crítica da História e da educação.

Paulo Freire
São Paulo, abril de 1993.

Educação permanente e as cidades educativas

Mais uma vez me ponho em frente de uma proposta temática envolvida numa frase, cuja inteligência espera por um discurso que, não sendo neutro, dirá de como, quem o faça, se posiciona em face do tema fundamental. Quer dizer, se posiciona em face da educação, em face do que o conceito sofre ao receber o atributo permanente que incide qualitativamente sobre a compreensão do termo, em face da cidade que se alonga em educativa. Em face, finalmente, das relações entre educação, enquanto processo permanente e a vida das cidades, enquanto contextos que não apenas acolhem a prática educativa, como prática social, mas também se constituem, através de suas múltiplas atividades, em contextos educativos em si mesmos.

O que quero dizer é que o discurso sobre o enunciado que, ao desvelá-lo, destrinça ou esmiúça a sua significação mais íntima, expressa ou explicita a compreensão do mundo, a opção política, a posição pedagógica, a inteligência da vida na cidade, o sonho em torno desta vida, tudo isso grávido de preferências políticas, éticas, estéticas, urbanísticas e ecológicas de quem o faz. Não há possibilidade de um discurso só sobre os diferentes aspectos do tema. Um discurso que agrade, em termos absolutos, a gregos e troianos. Em verdade, este não é um tema neutro cuja inteligência e cujas consequências práticas sejam comuns a todas ou a todos os que dele falem.

Isto não deve significar, porém, que as diferenças de opções que marcam os distintos discursos devam afastar do diálogo os sujeitos que pensam e sonham diversamente. Não há crescimento democrático fora da tolerância que, significando, substantivamente, a convivência entre dessemelhantes, não lhes nega contudo o direito de brigar por seus sonhos. O importante é que a pura diferença não seja razão de ser decisiva para que se rompa ou nem sequer se inicie um diálogo através do qual pensares diversos, sonhos opostos não possam concorrer para o crescimento dos diferentes, para o acrescentamento de saberes. Saberes do corpo inteiro dos dessemelhantes, saberes resultantes da aproximação metódica, rigorosa, ao objeto da curiosidade epistemológica dos sujeitos.

Saberes de suas experiências feitos, saberes "molhados" de sentimentos, de emoção, de medos, de desejos.

Enquanto certa modernidade de direita e de esquerda, mais para cientificista do que para científica, tendia a fixar-se nos limites estreitos de sua verdade, negando a seu contrário qualquer possibilidade de acerto, a pós-modernidade, sobretudo progressista, rompendo as amarras do sectarismo, se faz radical. É impossível, hoje, para o pensamento pós-moderno radical, fechar-se em seus próprios muros e decretar a sua como a única verdade. Sem ser antirreligioso, mas, de maneira nenhuma, dogmático, o pensamento pós-moderno radical reage contra toda certeza demasiado certa das certezas. Reage contra a "domesticação" do tempo, que transforma o futuro num pré-dado, que já se conhece o futuro afinal como algo inexorável, como algo que será porque será, porque necessariamente ocorrerá.

Ao recusar a "domesticação" do tempo, a pós-modernidade progressista não apenas reconhece a importância do papel da subjetividade na história, mas atua político-pedagogicamente no sentido de fortalecer aquela importância. E o faz através de programas em que a leitura crítica do mundo se funda numa prática educativa crescentemente desocultadora de verdades. Verdades cuja ocultação interessa às classes dominantes da sociedade.

Me sinto, obviamente, numa posição pós-modernamente progressista e é como tal que discutirei a educação permanente e as cidades educativas.

Numa primeira aproximação ao tema direi algo sobre educação, que se alongará à compreensão de sua prática enquanto necessariamente permanente. Em seguida, estudarei a sua relação com a cidade até surpreender esta como educadora também e não só como o contexto em que a educação se pode dar, formal e informalmente.

Algumas reflexões primeiras em torno do ser humano me abrem o caminho para o entendimento da educação como prática permanente.

Ressaltamos inicialmente a sua condição de ser histórico-social, experimentando continuamente a tensão de estar sendo para poder ser e de estar sendo não apenas o que herda mas também o que adquire e não de forma mecânica. Isto significa ser o ser humano, enquanto histórico, um ser finito, limitado, inconcluso, mas consciente de sua inconclusão.[3] Por isso, um ser ininterruptamente em busca, naturalmente em processo. Um ser que, tendo por vocação a humanização, se confronta, no entanto, com o incessante desafio da desumanização, como distorção daquela vocação.[4]

Por outro lado, como salienta François Jacob,[5] nós somos seres "programados mas para aprender".

Nesse sentido, aprender e ensinar, já que um implica o outro sem que jamais um prescinda normalmente do outro, vieram, na história, tornando-se conotações ontológicas.

Aprender e ensinar fazem parte da existência humana, histórica e social, como dela fazem parte a criação, a invenção, a linguagem, o amor, o ódio, o espanto, o medo, o desejo, a atração pelo risco, a fé, a dúvida, a curiosidade, a arte, a magia, a ciência, a tecnologia. E ensinar e aprender cortando todas estas atividades humanas.

O impossível teria sido ser um ser assim, mas ao mesmo tempo não se achar buscando e sendo às vezes interditado de fazê-lo ou sendo às vezes *estimulado* a fazê-lo. O impossível seria, também, estar sendo um ser assim, em procura, sem que, na própria e necessária procura, não se tivesse inserido no processo de refazer o mundo, de dizer o mundo, de conhecer, de ensinar o aprendido e de aprender o ensinado, refazendo o aprendido, melhorando o ensinar. Foi exatamente porque nos tornamos capazes de *dizer o*

---

3. Ver: Paulo Freire, *Pedagogia do oprimido*. Rio de Janeiro: Paz e Terra, 1975.
4. Ver: Idem, *Pedagogia da esperança: um reencontro com a pedagogia do oprimido*. São Paulo: Paz e Terra, 1992.
5. François Jacob. Nous sommes programmés, mais pour apprendre, *Le Courrier de L' Unesco*. Paris, fevereiro, 1991.

mundo, na medida em que o transformávamos, em que o reinventávamos, que terminamos por nos tornar ensinantes e aprendizes. Sujeitos de uma prática que se veio tornando política, gnosiológica, estética e ética.

Seria realmente impensável que um ser assim, "programado para aprender", inacabado, mas consciente de seu inacabamento, por isso mesmo em permanente busca, indagador, curioso em torno de si e de si no e com o mundo e com os outros; porque histórico, preocupado sempre com o amanhã, não se achasse, como condição necessária para estar sendo, inserido, ingênua ou criticamente, num incessante processo de formação. De formação, de educação que precisamente devido à invenção social da linguagem conceitual vai muito mais além do que o treinamento que se realiza entre os outros animais.

A educação é permanente não porque certa linha ideológica ou certa posição política ou certo interesse econômico o exijam. A educação é permanente na razão, de um lado, da finitude do ser humano, de outro, da consciência que ele tem de sua finitude. Mais ainda, pelo fato de, ao longo da história, ter incorporado à sua natureza não apenas *saber que vivia* mas *saber que sabia* e, assim, saber que podia saber mais. A educação e a formação permanente se fundam aí.

Uma coisa é a "formação" que dão a seus filhotes os sabiás cujo canto e boniteza me encantam, saltitantes, na folhagem verde das jaboticabeiras que temos em frente à nossa biblioteca e outra é o cuidado, o desvelo, a preocupação que transcendem o instinto, com que os pais humanos se dedicam ou não aos filhos. O ser "aberto" em que nos tornamos, a existência que inventamos, a linguagem que socialmente produzimos, a história que fazemos e que nos faz, a cultura, a curiosidade, a indagação, a complexidade da vida social, as incertezas, o ritmo dinâmico de que a rotina faz parte mas a que não o reduz, a consciência do mundo que tem neste um não *eu* e a de si como *eu* constituindo-se na relação contraditória com a objetividade, o "ser programado para aprender", condicionado mas não determinado, a imaginação, os desejos, os medos, as fantasias, a atração pelo mistério, tudo isso nos insere, como seres educáveis, no processo permanente de busca de que falei. O que eu quero dizer é que a educação, como formação, como processo de conhecimento, de ensino, de aprendizagem, se tornou, ao longo da aventura no mundo dos seres humanos, uma conotação de sua natureza, gestando-se na história, como a vocação para a humanização de que falo na *Pedagogia do oprimido* e na *Pedagogia da esperança, um reencontro com a Pedagogia do oprimido*. Em outras palavras e talvez reiteradamente, não é possível ser gente sem, desta ou daquela forma, se achar entranhado numa *certa prática* educativa. E entranhado não em termos provisórios, mas em termos de vida inteira. O ser humano jamais para de educar-se. Numa certa prática educativa não necessariamente a de escolarização, decerto bastante recente na história, como a entendemos. Daí que se possa observar facilmente quão violenta é a política da Cidade, como Estado, que interdita ou limita ou minimiza o direito das gentes, restringindo-lhes a cidadania ao negar educação para todos. Daí também, o equívoco em que tombam grupos populares, sobretudo no Terceiro Mundo quando, no uso de seu direito mas, indo além dele, criando suas escolas, possibilitam às vezes que o Estado deixe de cumprir seu dever de oferecer educação de qualidade e em quantidade ao povo.

Quer dizer, em face da omissão criminosa do Estado, as comunidades populares criam suas escolas, instalam-nas com um mínimo de material necessário, contratam suas professoras quase sempre pouco cientificamente formadas e conseguem que o Estado lhes repasse algumas verbas. A situação se torna cômoda para o Estado.

Criando ou não suas escolas comunitárias, os Movimentos Populares teriam de continuar, de melhorar, de enfatizar sua luta política para pressionar o Estado no sentido de cumprir o seu dever. Jamais deixá-lo em sossego, jamais eximi-lo de sua tarefa pedagógica, jamais permitir que suas classes dominantes durmam em paz. Sua bandeira de luta, a dos Movimentos Populares, deve ser alçada noite e dia, dia e noite, em favor da escola, que sendo pública, deve ser democrática, à altura da demanda social que dela se fará e em busca sempre da melhoria de sua qualidade. Este é também um direito e um dever dos cidadãos do Primeiro Mundo: o de se baterem por uma escola mais democrática, menos elitista, menos discriminatória. Por uma escola em que as crianças do Terceiro Mundo do Primeiro não sejam tratadas como gente de um mundo estranho e demasiado exótico. Uma escola aberta, que supere preconceitos, que se faça um centro de alegria como, por este sonho, se vem batendo este notável pensador francês, incansável lutador pela *alegria* na escola, que é Georges Snyders.[6]

---

6. Georges Snyders, *La Joie à l'École*. Paris: Presses Universitaires de France, 1986.

Os conteúdos, os objetivos, os métodos, os processos, os instrumentos tecnológicos a serviço da educação permanente, estes sim, não apenas podem mas devem variar de espaço tempo a espaço tempo. A ontológica necessidade da educação, da formação a que a Cidade, que se torna educativa em função desta mesma necessidade, se obriga a responder, esta é universal. A forma como esta necessidade de saber, de aprender, de ensinar é atendida é que não é universal. A curiosidade, a necessidade de saber são universais, repitamos, a resposta é histórica, político-ideológica, cultural.

Por isso é que é importante afirmar que não basta reconhecer que a Cidade é educativa, independentemente de nosso querer ou de nosso desejo. A Cidade se faz educativa pela necessidade de educar, de aprender, de ensinar, de conhecer, de criar, de sonhar, de imaginar de que todos nós, mulheres e homens, impregnamos seus campos, suas montanhas, seus vales, seus rios, impregnamos suas ruas, suas praças, suas fontes, suas casas, seus edifícios, deixando em tudo o selo de certo tempo, o estilo, o gosto de certa época. A Cidade é cultura, criação, não só pelo que fazemos nela e dela, pelo que criamos nela e com ela, mas também é cultura pela própria mirada estética ou de espanto, gratuita, que lhe damos. A Cidade somos nós e nós somos a Cidade.

Mas não podemos esquecer de que o que somos guarda algo que foi e que nos chega pela continuidade histórica de que não podemos escapar, mas sobre que podemos trabalhar, e pelas marcas culturais que herdamos.

Enquanto educadora, a Cidade é também educanda. Muito de sua tarefa educativa implica a nossa posição política e, obviamente, a maneira como exerçamos o poder na Cidade e o sonho ou a utopia de que embebamos a política, a serviço de que e de quem a fazemos. A política dos gastos públicos, a política cultural e educacional, a política de saúde, a dos transportes, a do lazer.

A própria política em torno de como sublinhar este ou aquele conjunto de memórias da Cidade através de cuja só existência a Cidade exerce seu papel educativo. Até aí, a decisão política nossa pode interferir.

Mas há um modo espontâneo, quase como se as Cidades gesticulassem ou andassem ou se movessem ou dissessem de si, falando quase como se as Cidades proclamassem feitos e fatos vividos nelas por mulheres e homens que por elas passaram, mas ficaram, um modo espontâneo, dizia eu, de as Cidades educarem.

Insistamos em que até sobre esse momento espontâneo da vida das Cidades, em que elas revelam sua memória desnuda, o poder político pode interferir.

De qualquer forma, esse momento espontâneo é de grande riqueza, não importa que tenha suas negatividades também. No fundo ele explicita formas de estar sendo de gerações anteriores, maneiras de valorar, de reagir, expressões discriminatórias disto ou daquilo, que não se acham apenas arquivadas na memória das Cidades. São manifestações vivas de sua cultura, de nossa cultura.

O respeito mútuo que as pessoas se têm nas ruas, nas lojas. O respeito às coisas, o zelo com que se tratam os objetos públicos, os muros das casas, a disciplina nos horários. A maneira como a Cidade é tratada por seus habitantes, por seus governantes. A Cidade somos nós também, nossa cultura, que, gestando-se nela, no corpo de suas tradições, nos faz e nos refaz. Perfilamos a Cidade e por ela somos perfilados.

No fundo, a tarefa educativa das Cidades se realiza também através do tratamento de sua memória e sua memória não apenas guarda, mas reproduz, estende, comunica-se às gerações que chegam. Seus museus, seus centros de cultura, de arte são a alma viva do ímpeto criador, dos sinais de aventura do espírito. Falam de épocas diferentes, de apogeu, de decadência, de crises, da força condicionante das condições materiais.

Às vezes, sinto um certo descompasso em certas Cidades entre a quantidade de marcos que falam ou que proclamam envaidecidamente feitos de guerra e os que falam da paz, da doçura de viver. Não que esteja defendendo a ocultação dos fatos belicosos que escondem ou explicitam malvadezas, perversidades incríveis de que temos sido capazes nos descompassos de nossa história. Mostrá-los às gerações mais jovens é também tarefa educativa das Cidades. Mas mostrá-los nem sempre como quem deles se orgulha.

Como não há educação sem política educativa que estabelece prioridades, metas, conteúdos, meios e se infunde de sonhos e utopias, creio que não faria mal nenhum neste encontro que sonhássemos um pouco.

Que nos aventurássemos um pouco, que corrêssemos o risco de pensar em certos valores concretos que pudessem ir se incorporando a nós e aos anseios de Cidades educativas neste fim de século que já vivemos e que é também fim de milênio.

Um desses sonhos por que lutar, sonho possível mas cuja concretização demanda coerência, valor, tenacidade, senso de justiça, força para brigar, de todas e de todos os que a ele se entreguem é o sonho por um mundo menos feio, em que as desigualdades diminuam, em que as discriminações de raça, de sexo, de classe sejam sinais de vergonha e não de afirmação orgulhosa ou de lamentação puramente cavilosa. No fundo, é um sonho sem cuja realização a democracia de que tanto falamos, sobretudo hoje, é uma farsa.

Que democracia é esta que encontra para a dor de milhões de famintos, de renegados, de proibidos de ler a palavra, e mal lendo seu mundo, razões climáticas ou de incompetência genética?

Um outro sonho fundamental que se deveria incorporar aos ensinamentos das Cidades educativas é o do direito que temos, numa verdadeira democracia, de ser diferentes e, por isso mesmo que um direito, o seu alongamento ao direito de ser respeitados na diferença.

As Cidades educativas devem ensinar a seus filhos e aos filhos de outras Cidades que as visitam que não precisamos esconder a nossa condição de judeus, de árabes, de alemães, de suecos, de norte-americanos, de brasileiros, de africanos, de latino-americanos de origem hispânica, de indígenas não importa de onde, de negros, de louros, de homossexuais, de crentes, de ateus, de progressistas, de conservadores, para gozar de respeito e de atenção.

Não se faz nem se vive a substantividade democrática sem o pleno exercício deste direito que envolve a virtude da tolerância. Talvez as Cidades pudessem estimular as suas instituições pedagógicas, culturais, científicas, artísticas, religiosas, políticas, financeiras, de pesquisa para que, empenhando-se em campanhas com este objetivo, desafiassem as crianças, os adolescentes, os jovens a pensar e a discutir o direito de ser diferente sem que isto signifique correr o risco de ser discriminado, punido ou, pior ainda, banido da vida.

Em lugar, por último, da hipocrisia arvorada em ética dos costumes, que vê imoralidade no corpo do homem ou da mulher, que fala de castigo divino ou o insinua, associado à tragédia da AIDS como se amar fosse pecado, que as cidades educativas testemunhem sua busca incessante da Pureza e sua recusa veemente ao puritanismo.

São Paulo, novembro de 1992.

Educação de adultos hoje.
Algumas reflexões

No Brasil e em outras áreas da América Latina a Educação de Adultos viveu um processo de amadurecimento que veio transformando a compreensão que dela tínhamos poucos anos atrás. A Educação de Adultos é mais bem percebida quando a situamos hoje como Educação Popular. Tratemos de comentar esta transformação que, a nosso ver, indica os passos qualitativos da experiência educativa refletida por inúmeras pessoas/grupos latino-americanos.

O conceito de Educação de Adultos vai se movendo na direção do de educação popular na medida em que a realidade começa a fazer algumas exigências à sensibilidade e à competência científica dos educadores e das educadoras. Uma destas exigências tem que ver com a compreensão crítica dos educadores do que vem ocorrendo na cotidianidade do meio popular. Não é possível a educadoras e educadores pensar apenas os procedimentos didáticos e os conteúdos a serem ensinados aos grupos populares. Os próprios conteúdos a serem ensinados não podem ser totalmente estranhos àquela cotidianidade. O que acontece, no meio popular, nas periferias das cidades, nos campos — trabalhadores urbanos e rurais reunindo-se para rezar ou para discutir seus direitos —, nada pode escapar à curiosidade arguta dos educadores envolvidos na prática da Educação Popular.

A Educação de Adultos, virando Educação Popular, se tornou mais abrangente. Certos programas com alfabetização, educação de base em profissionalização ou em saúde primária são apenas uma parte do trabalho mais amplo que se sugere quando se fala em Educação Popular.

Educadores e grupos populares descobriram que Educação Popular é sobretudo o processo permanente de refletir a militância; refletir, portanto, a sua capacidade de mobilizar em direção a objetivos próprios. A prática educativa, reconhecendo-se como prática política, se recusa a deixar-se aprisionar na estreiteza burocrática de procedimentos escolarizantes. Lidando com o processo de conhecer, a prática educativa é tão interessada em possibilitar o ensino de conteúdos às pessoas quanto em sua conscientização.

Nesse sentido, a Educação Popular, de corte progressista, democrático, superando o que chamei, na *Pedagogia do oprimido,* "educação bancária", tenta o esforço necessário de ter no educando um sujeito cognoscente, que, por isso mesmo, se assume como um sujeito em busca de, e não como a pura incidência da ação do educador.

Dessa forma são tão importantes para a formação dos grupos populares certos conteúdos que o educador lhes deve ensinar, quanto a análise que eles façam de sua realidade concreta. E, ao fazê-lo, devem ir, com a indispensável ajuda do educador, superando o seu saber anterior, de pura experiência feito, por um saber mais crítico, menos ingênuo. O senso comum só se supera a partir dele e não com o desprezo arrogante dos elitistas por ele.

Preocupada seriamente com a leitura crítica do mundo, não importa inclusive que as pessoas não façam ainda a leitura da palavra, a Educação Popular, mesmo sem descuidar da preparação técnico-profissional dos grupos populares, não aceita a posição de neutralidade política com que a ideologia modernizante reconhece ou entende a Educação de Adultos.

Respeitando os sonhos, as frustrações, as dúvidas, os medos, os desejos dos educandos, crianças, jovens ou adultos, os educadores e educadoras populares têm neles um ponto de partida para a sua ação. Insista-se, um ponto de partida e não de chegada.

Crianças e adultos se envolvem em processos educativos de alfabetização com palavras pertencentes à sua experiência existencial, *palavras grávidas* de mundo. Palavras e temas.

Assim compreendida e posta em prática, a Educação Popular pode ser socialmente percebida como facilitadora da compreensão científica que grupos e movimentos podem e devem ter acerca de suas experiências. Esta é uma das tarefas fundamentais da educação popular de corte progressista, a de inserir os grupos populares no movimento de superação do saber de senso comum pelo conhecimento mais crítico, mais além do "penso que é", em torno do mundo e de si no mundo e com ele. Este movimento de superação do senso comum implica uma diferente compreensão da História. Implica entendê-la e vivê-la, sobretudo vivê-la, como tempo de possibilidade, o que significa a recusa a qualquer explicação determinista, fatalista da História. Nem o fatalismo que entende o futuro como a repetição quase inalterada do presente nem o fatalismo que percebe o futuro como algo pré-dado. Mas o tempo histórico sendo feito por nós e refazendo-nos enquanto fazedores dele. Daí que a educação popular, praticando-se num tempo-espaço de possibilidade, por sujeitos conscientes ou virando conscientes disto, não possa prescindir do *sonho*.

É preciso mesmo brigar contra certos discursos pós-modernamente reacionários, com ares triunfantes, que decretam a morte dos sonhos e defendem um pragmatismo oportunista e negador da Utopia.

É possível *vida* sem *sonho*, mas não *existência humana* e *História* sem *sonho*.

A dimensão global da Educação Popular contribui ainda para que a compreensão geral do ser humano em torno de si como ser social seja menos monolítica e mais pluralista, seja menos unidirecionada e mais aberta à discussão democrática de pressuposições básicas da existência.

Esta vem sendo uma preocupação que me tem tomado todo, sempre — a de me entregar a uma prática educativa e a uma reflexão pedagógica fundadas ambas no sonho por um mundo menos malvado, menos feio, menos autoritário, mais democrático, mais humano.

Paulo Freire
São Paulo, fevereiro de 1992.

Anotações sobre unidade na diversidade

Parto de duas constatações óbvias:

a) As diferenças interculturais existem e apresentam cortes: de classe, de raça, de gênero e, como alongamento destes, de nações.

b) Essas diferenças geram ideologias, de um lado, discriminatórias, de outro, de resistência.

Não é a cultura discriminada que gera a ideologia discriminatória, mas a cultura hegemônica que o faz. A cultura discriminada gesta a ideologia de resistência que, em função de sua experiência de luta, ora explica formas de comportamento mais ou menos pacíficos, ora rebeldes, mais ou menos indiscriminatoriamente violentos, ora criticamente voltados à recriação do mundo. Um ponto importante a ser sublinhado: na medida em que as relações entre estas ideologias são dialéticas, elas se interpenetram. Não se dão em estado puro e podem mudar de pessoa a pessoa. Por exemplo, posso ser homem, como sou, e nem por isso ser machista. Posso ser negro mas, em defesa de meus interesses econômicos, contemporizar com a discriminação branca.

c) É impossível compreendê-las sem a análise das ideologias e a relação destas com o poder e com a fraqueza.

As ideologias, não importa se discriminatórias ou de resistência, se encarnam em formas especiais de conduta social ou individual que variam de tempo espaço a tempo espaço.

Se expressam na linguagem — na sintaxe e na semântica —, nas formas concretas de atuar, de escolher, de valorar, de andar, de vestir, de até dizer olá, na rua. Suas relações são dialéticas. Os níveis destas relações, seus conteúdos, sua maior dose de poder revelado no ar de superioridade, de distância, de frieza com que os poderosos tratam os carentes de poder; o maior ou menor nível de acomodação ou de rebelião com que respondem os dominados, tudo isso é fundamental no sentido de superação das ideologias discriminatórias, de modo a que possamos *viver a Utopia:* não mais discriminação, não mais rebelião ou adaptação, mas *Unidade na Diversidade.*

d) É impossível pensar, pois, na superação da opressão, da discriminação, da passividade ou da pura rebelião que elas engendram, primeiro, sem uma compreensão crítica da História, na qual, finalmente, essas relações interculturais se dão de forma dialética, por isso, contraditória e processual. Segundo, sem projetos de natureza político-pedagógica no sentido da transformação ou da reinvenção do mundo.

Falemos um pouco da primeira questão, a compreensão da História que temos, uma vez que, históricos, mulheres e homens, nossa ação não apenas é histórica também mas historicamente condicionada.

Às vezes, nem sequer, ao atuar, estamos conscientemente claros em torno de que concepção da História nos marca. Daí a importância que reconheço, nos cursos de formação de educadores, das discussões em torno das diferentes maneiras de compreendermos a História que nos faz e refaz enquanto a fazemos.

Falemos sucintamente de algumas das diferentes maneiras de refletirmos sobre nossa presença no mundo em que e com que estamos. De acordo com uma primeira versão, mulheres e homens, seres espirituais, dotados de razão, de discernimento, capazes de separar o bem do mal, marcados pelo pecado original, precisam evitar a todo custo cair no pecado ou nele recair, pecado sempre precedido de fortes tentações e procurar o caminho da salvação. O pecado e a sua negação se tornam de tal modo, o primeiro, sinal de absoluta fraqueza, a segunda, um grito fácil de vitória, que a existência humana, reduzida a essa luta, termina por quase se perder no medo à liberdade ou na hipocrisia puritana, que é uma forma de ficar com a feiura e negar a boniteza da pureza.

A História, no fundo, é a história dessa procura. A salvação da alma pela fuga ao pecado. As principais armas, os fundamentais métodos de ação para quem idealistamente experimenta esta concepção da História são as orações, as penitências, as promessas. A Teologia da Libertação, diga-se de passagem, significa uma radical ruptura com essa forma mágico-mítica de religiosidade e, pondo suas raízes na experiência concreta tempo-espacial, dos homens e das mulheres, do Povo de Deus, fala de outra compreensão da História, na verdade feita por nós. De acordo com esta inteligência da História, Deus é uma Presença nela que, porém, não me proíbe de fazê-la. Pelo contrário, empurra-me a fazê-la. E de fazê-la não no sentido da negação dos direitos dos outros, só porque diferentes de mim.

Que ética é essa que só vale quando a ser aplicada em favor de mim?

Que estranha maneira é essa de fazer História, de ensinar Democracia, espancando os diferentes para, em nome da Democracia, continuar gozando da liberdade de espancar!

Com relação ainda ao *futuro,* gostaria de sublinhar duas outras compreensões da História, ambas imobilizadoras, deterministas. A primeira, que tem no futuro a pura repetição do presente. De modo geral assim é que pensam os dominadores. O amanhã para eles e para elas é sempre o seu presente de dominadores sendo reproduzido, com alterações adverbiais. Não há nesta concepção lugar para a substantiva superação da discriminação racial, sexual, linguística, cultural etc.

Os negros continuam inferiores, *mas,* agora, podem sentar em qualquer lugar do ônibus... Os latino-americanos são boa gente, *mas* não são pontuais... Maria é uma excelente jovem. É negra *mas* é muito inteligente... Nos três exemplos a conjunção adversativa *mas* está *grávida* da ideologia autoritariamente racista, discriminatória.

Uma outra concepção da História e, tanto quanto as demais, no mínimo, condicionadora de práticas, não importa em que campo, o cultural, o educativo, o econômico, o das relações entre as nações, o do meio ambiente, o da ciência, o da tecnologia, o das artes, o da comunicação, é a que reduz o amanhã a um dado dado. O futuro é um pré-dado, uma espécie de sina, de fado. O futuro não é problemático.

Pelo contrário, é inexorável. A dialética que essa visão da História reclama, e que tem sua origem num certo dogmatismo marxista, é uma dialética domesticada.

Conhecemos a síntese antes de experimentarmos o embate dialético entre a Tese e a Antítese.

Uma outra maneira de entender a História é a de submetê-la aos caprichos da vontade individual. O indivíduo, de quem o social depende, é o sujeito da História. Sua consciência é a fazedora arbitrária da História. Por isso, quanto melhor a educação trabalhar os indivíduos, quanto melhor fizer seu coração um coração sadio, amoroso, tanto mais o indivíduo, cheio de boniteza, fará o mundo feio virar bonito.

Para esta visão da História e do papel das mulheres e dos homens no mundo, o fundamental é cuidar de seu *coração* deixando, porém, intocadas as estruturas sociais. A salvação dos homens e das mulheres não passa por sua libertação permanente e esta pela reinvenção do mundo.

Vejo a História, exatamente como os teólogos da libertação, entre quem me sinto muito bem, em total discordância com as demais compreensões dela de que falei.

Para mim, a História é tempo de possibilidade e não de determinações. E se é tempo de possibilidades, a primeira consequência que vem à tona é a de que a História não apenas é mas também demanda liberdade. Lutar por ela é uma forma possível de, inserindo-nos na História possível, nos fazer igualmente possíveis. Em lugar de ser perseguição constante ao pecado em que me inscrevo para me salvar, a História é a possibilidade que criamos ao longo dela, para nos libertar e assim nos salvar.

Somente numa perspectiva histórica em que homens e mulheres sejam capazes de assumir-se cada vez mais como sujeitos-objetos da História, vale dizer, capazes de reinventar o mundo numa direção ética e estética mais além dos padrões que aí estão, é que tem sentido discutir comunicação na nova etapa da continuidade da mudança e da inovação.

Isto significa então reconhecer a natureza política desta luta.

Natureza política que descarta práticas puramente assistencialistas de quem pensa comprar um ingresso no céu com o que colhe na terra de sua falsa generosidade.

Pensar a História como possibilidade é reconhecer a educação também como possibilidade. É reconhecer que se ela, a educação, não pode tudo, pode alguma coisa. Sua força, como costumo dizer, reside na sua fraqueza. Uma de nossas tarefas, como educadores e educadoras, é descobrir o que historicamente pode ser feito no sentido de contribuir para a transformação do mundo, de que resulte um mundo mais "redondo", menos arestoso, mais humano, e em que se prepare a materialização da grande Utopia: *Unidade na Diversidade*.

Paulo Freire
Montego Bay,
Jamaica, 9 de maio de 1992.

Educação e qualidade

O TÍTULO GERAL COM que o SENAC (Serviço Nacional de Aprendizagem Comercial) nomeia este encontro, Educação e Qualidade, possibilita, como o próprio programa exemplifica, diferentes hipóteses temáticas que se desdobram dele ou que nele se acham inseridas.

Educação para a qualidade.
Qualidade da educação.
Educação e qualidade de vida.

Neste primeiro momento do Encontro, nos cabe, como deve ser, uma reflexão abrangente sobre o tema de tal maneira que possamos passar de um tema a outro, apreendendo ou nos predispondo para apreender suas necessárias interrelações.

Creio, porém, que o melhor caminho para o processo desta busca de apreensão das interrelações dos temas tem como ponto de partida uma reflexão crítica em torno de Educação e Qualidade. Não propriamente uma reflexão crítica sobre a educação em si ou sobre a qualidade mas em torno de educação e qualidade que nos remete à educação para a qualidade, qualidade da educação e educação e qualidade de vida.

Me parece fundamental, neste exercício, deixar claro, desde o início, que não pode existir uma prática educativa neutra, descomprometida, apolítica. A diretividade da prática educativa que a faz transbordar sempre de si mesma e perseguir um certo fim, um sonho, uma utopia, não permite sua neutralidade. A impossibilidade de ser neutra não tem nada que ver com a arbitrária imposição que faz o educador autoritário a "seus" educandos de suas opções.

É por isso que o problema real que se nos coloca não é o de insistir numa teimosia sem sucesso — a de afirmar a neutralidade impossível da educação, mas, reconhecendo sua politicidade, lutar pela postura ético-democrática de acordo com a qual educadoras e educadores, podendo e devendo afirmar-se em seus sonhos, que são políticos, se impõem, porém:

1) deixar claro aos educandos que há outros sonhos contra os quais, por várias razões a ser explicadas, os educadores ou as educadoras podem até lutar;

2) que os educandos têm o direito de ter o dever de ter os seus sonhos também, não importa que diferentes ou opostos aos de seus educadores.

O respeito aos educandos não pode fundar-se no escamoteamento da verdade — a da politicidade da educação e na afirmação de uma mentira: a sua neutralidade. Uma das bonitezas da prática educativa está exatamente no reconhecimento e na assunção de sua politicidade que nos leva a viver o respeito real aos educandos ao não tratar, de forma sub-reptícia ou de forma grosseira, de impor-lhes nossos pontos de vista.

Não pode haver caminho mais ético, mais verdadeiramente democrático do que testemunhar aos educandos como pensamos, as razões por que pensamos desta ou daquela forma, os nossos sonhos, os sonhos por que brigamos, mas, ao mesmo tempo, dando-lhes provas concretas, irrefutáveis, de que respeitamos suas opções em oposição às nossas.

Não haveria exercício ético-democrático, nem sequer se poderia falar em respeito do educador ao pensamento diferente do educando se a educação fosse neutra — vale dizer, se não houvesse ideologias, política, classes sociais. Falaríamos apenas de equívocos, de erros, de inadequações, de "obstáculos epistemológicos" no processo de conhecimento, que envolve ensinar e aprender.

A dimensão ética se restringiria apenas à competência do educador ou da educadora, à sua formação, ao cumprimento de seus deveres docentes, que se estenderia ao respeito à pessoa humana dos educandos.

Falamos em ética e em postura substantivamente democrática porque, não sendo neutra, a prática educativa, a formação humana, implica opções, rupturas, decisões, estar com e pôr-se contra, a favor de algum sonho e contra outro, a favor de alguém e contra alguém. E *é* exatamente este imperativo que exige a eticidade do educador e sua necessária militância democrática a lhe exigir a vigilância permanente no sentido da coerência entre o discurso e a prática. Não vale um discurso bem articulado, em que se defendem o direito de ser diferente e uma prática negadora desse direito.

A natureza formadora da docência, que não poderia reduzir-se a puro processo técnico e mecânico de transferir conhecimentos, enfatiza a exigência ético-democrática do respeito ao pensamento, aos gostos, aos receios, aos desejos, à curiosidade dos educandos. Respeito, contudo, que não pode eximir o educador, enquanto autoridade, de exercer o direito de ter o dever de estabelecer *limites,* de propor *tarefas,* de *cobrar* a *execução* das mesmas. Limites sem os quais as liberdades correm o risco de perder-se em licenciosidade, da mesma forma como, sem limites, a autoridade se extravia e vira autoritarismo.

A impossibilidade ainda de poder ser a educação neutra coloca ao educador ou educadora, permita-se-me a repetição, a imperiosa necessidade de optar, quer dizer, de decidir, de romper, de escolher. Mas, lhe coloca também a necessidade da coerência com a opção que fez. Coerência que jamais podendo ser absoluta, cresce no aprendizado que vamos fazendo pela percepção e constatação das incoerências em que nos surpreendemos. É descobrindo a incoerência em que caímos que, se realmente humildes e comprometidos com sermos coerentes, avançamos no sentido de diminuir a incoerência. Esse exercício de busca e de superação é, em si, já, um exercício ético.

Façamos agora umas rápidas considerações sobre a questão da qualidade ou das qualidades.[7]

Os gregos se preocuparam com as qualidades das coisas, dos objetos, dos seres. Preocupação que continuou

---

7. Peter Angeles, *Dictionary of Philosophy.* Nova York: Harper Collins, 1992. A. R. Lacey, *A Dictionary of Philosophy.* Nova York/ Londres: Routledge, 1991. Nicola Abbagnano, *Dicionário de Filosofia.* São Paulo: Editora Mestre Jou, 1970. *Dictionary of Philosophy,* editado por Dagobert D. Runes, 1983.

durante a implantação da ciência moderna mas foi Locke quem mais sistematizou a questão no seu *An Essay concerning human understanding*.[8] Em seu estudo meticuloso ele classifica as qualidades em:

a) Primárias
b) Secundárias
c) Terciárias.

As qualidades primárias independem, para sua existência, da presença de um observador — movimento, figura, forma, impenetrabilidade, dureza —, enquanto as secundárias existem como conteúdos de consciência — dor, cor, gosto etc. —, causados em nós pelas qualidades primárias e secundárias inerentes à matéria.

As terciárias são as que se somam às primárias e às secundárias; são valores que atribuímos às coisas que têm suas qualidades primárias. São as qualidades terciárias as que, sobretudo, nos interessam aqui na análise da frase educação e qualidade.

Uma primeira afirmação que gostaria de fazer é a de que assim como é impossível pensar a educação de forma neutra, é impossível igualmente pensar a valoração que se dê a ela neutralmente. Não há qualidades por que lutemos no sentido de juntá-las, de com elas requalificar a prática educativa, que possam ser consideradas como absolutamente neutras, na medida mesma em que, valores, são vistos de ângulos diferentes, em função de interesses de classes ou de grupos.

---

8. J. Locke, *An Essay concerning human understanding* [1690]: livro 2, capítulo 8, 1959.

É neste sentido, por exemplo, que temos de reconhecer que se, de um ponto de vista progressista, a prática educativa deve ser, coerentemente, um fazer desocultador de verdades e não ocultador, nem sempre o é do ponto de vista reacionário. E se o faz, o será de forma diferente. É que há formas antagônicas de ver a verdade — a dos dominantes e a dos dominados.

No fundo, ocultar ou desocultar verdades não é uma prática neutra.

Um racista ensina que o que lhe parece ser a "inferioridade" do negro radica na genética, dando ainda ares de ciência a seu discurso. Um sectário de esquerda, necessariamente autoritário, nega o papel da subjetividade na História e nega tudo o que difere de si. Recusa qualquer diferença. Confronta o diferente, vaia-o, ofende-o, enquanto o antagônico, seu inimigo principal, descansa em paz.

A título de exercício em torno de afirmações que venho fazendo neste pequeno texto, reflitamos um pouco sobre o enunciado dos três temas.

1) *Educação para a Qualidade.*

O enunciado deixa claro que nos estamos referindo a uma certa educação cujo objetivo é a *qualidade,* uma qualidade fora da educação e não a "qualidade primária" que a prática educativa tem em si. Uma certa qualidade com que sonhamos, um certo objetivo. Mas, exatamente porque não há uma qualidade substantiva, cujo perfil se ache universalmente feito, uma qualidade da qual se diga: *esta é a qualidade,* temos de nos aproximar do conceito e nos indagar em torno de que qualidade estamos falando. E exatamente quando percebemos que há qualidades e qualidades, enquanto qualidade terciária, quer dizer, valor que atribuímos aos seres, às coisas, à prática educativa.

Nos Estados Unidos, por exemplo, se vem falando, de um tempo para cá, em *excelência* da educação. Uma coisa era o que o presidente Nixon ou o presidente Reagan entendiam por excelência da educação e outra, oposta, era e é o que pensadores radicais, como Giroux, Madaleine Grumet, Michael Apple, MacLaren, Ira Shor, Donaldo Macedo ou economistas como Martin Carnoy, Bowls, Ginties e cientistas políticos como Stanley Aronowitz, alongados também em pedagogos, pensam da excelência, para falar só nestes.

Um elitista compreende a expressão como uma prática educativa centrando-se em valores das elites e na negação implícita dos valores populares. O culto da sintaxe dominante e o repúdio, como feiura e corruptela, da prosódia, da ortografia e da sintaxe populares. Por outro lado, um democrata radical, jamais sectário, progressistamente pós-moderno, entende a expressão como a busca de uma educação séria, rigorosa, democrática, em nada discriminadora nem dos renegados nem dos favorecidos. Isso, porém, não significa uma prática neutra, mas desveladora das verdades, desocultadora, iluminadora das tramas sociais e históricas.

Uma prática fundamentalmente justa e ética contra a exploração dos homens e das mulheres e em favor de sua vocação de *ser mais*.

O mesmo tipo de análise se estende aos temas 2 e 3.

O tema 2 diz: *Qualidade da Educação*. Aparentemente aqui no enunciado do tema 2, a palavra educação se refere a uma provável qualidade *primária* do conceito de educação. Na verdade, contudo, a explicitação da significação da palavra *qualidade* vem à tona quando o redator do enunciado diz: *relato da experiência da Secretaria da Educação Municipal de São Paulo*. Fica claro, pois, que não se trata de qualquer qualidade da educação, mas de uma certa qualidade, a que caracterizou e ainda caracteriza a administração da cidade de São Paulo (Administração petista de Luiza Erundina, 1989-1992). Essa administração, por sua vez, não se bate por qualquer tipo de *qualidade*, mas por uma certa *qualidade da educação* — a democrática, popular, rigorosa, séria, respeitadora e estimuladora da presença popular nos destinos da escola que se vá tornando cada vez mais uma escola alegre. Escola alegre que Snyders tanto defende.

O terceiro tema, *Educação e Qualidade de Vida,* se oferece ao mesmo tipo de análise e revela tanto quanto os outros a natureza política não só da *educação* mas da *qualidade,* enquanto valor.

Agora, no tema 3, o substantivo qualidade é limitado por uma expressão restritiva, a locução adjetiva *de vida*. Nada disso, porém, altera a natureza política da qualidade da educação.

Qualidade da educação; educação para a qualidade; educação e qualidade de vida, não importa em que enunciado se encontrem, *educação* e *qualidade* são sempre uma questão política, fora de cuja reflexão, de cuja compreensão não nos é possível entender nem uma nem outra.

Não há, finalmente, educação neutra nem qualidade por que lutar no sentido de reorientar a educação que não implique uma opção política e não demande uma decisão, também política de materializá-la.

Paulo Freire
São Paulo, 28 de setembro de 1992.

Alfabetização como elemento de formação da cidadania

Para Nita.

Este é o tema sobre o qual me propuseram falar aqui e agora os organizadores deste encontro.

É interessante observar a maneira pela qual se combinam ou relacionam os termos da frase, em que a conjunção *como*, valendo *enquanto, na qualidade de,* estabelece uma relação operacional entre *alfabetização* e *formação da cidadania*. É verdade que o bloco *elemento de formação* ameniza um pouco a significação da força que, de certa forma, se empresta à alfabetização, no corpo da frase. Seria mais forte ainda se disséssemos: a alfabetização como formação da cidadania ou a alfabetização como formadora da cidadania.

Por outro lado, se faz necessário, neste exercício, relembrar que cidadão significa indivíduo no gozo dos direitos civis e políticos de um Estado e que cidadania tem que ver com a condição de cidadão, quer dizer, com o uso dos direitos e o direito de ter deveres de cidadão.

Buscar a inteligência da frase significa, de fato, indagar em torno dos limites da alfabetização como prática capaz de gerar nos alfabetizandos a assunção da cidadania ou não. Implica pensar também nos obstáculos com os quais nos defrontamos na prática e sobre os quais ou sobre alguns dos quais espero falar mais adiante.

Considerando que a alfabetização de adultos, por mais importante que seja, é um capítulo da prática educativa, minha indagação se orienta no sentido da compreensão dos limites da prática educativa, que abrange a prática da alfabetização, bem como dos obstáculos acima referidos.

A primeira afirmação que devo fazer é a de que não há prática, não importa em que domínio, que não esteja submetida a certos limites. A prática que é social e histórica, mesmo que tenha uma dimensão individual, se dá num certo contexto tempo-espacial e não na intimidade das cabeças das gentes. É por isso que o voluntarismo é idealista, pois se funda precisamente na compreensão ingênua de que a prática e a sua eficácia dependem apenas do sujeito, de sua vontade e de sua coragem. É por isso, por outro lado, que o espontaneísmo é irresponsável, porque implica a anulação do intelectual como organizador, não necessariamente autoritário, mas organizador sempre, de espaços para o que é indispensável sua intervenção. Voluntarismo e espontaneísmo têm ambos assim sua falsidade no menosprezo aos limites. No primeiro, se desrespeitam os limites porque nele só há um, o da vontade do voluntarista. No segundo, o intelectual não intervém, não direciona, cruza os braços. A ação se entrega quase a si mesma, é mais alvoroço, algazarra.

Neste sentido, voluntarismo e espontaneísmo se constituem como obstáculos à prática educativa progressista.

A compreensão dos limites da prática educativa demanda indiscutivelmente a clareza política dos educadores com relação a seu projeto. Demanda que o educador assuma a politicidade de sua prática. Não basta dizer que a educação é um ato político assim como não basta dizer que o ato político é também educativo. É preciso assumir realmente a politicidade da educação. Não posso pensar-me progressista se entendo o espaço da escola como algo meio neutro, com pouco ou quase nada a ver com a luta de classes, em que os alunos são vistos apenas como aprendizes de certos objetos de conhecimento aos quais empresto um poder mágico. Não posso reconhecer os limites da prática educativo-política em que me envolvo se não sei, se não estou claro em face de a favor de quem pratico. O a favor de quem pratico me situa num certo ângulo, que é de classe, em que diviso o contra quem pratico e, necessariamente, o por que pratico, isto é, o próprio sonho, o tipo de sociedade de cuja invenção gostaria de participar.

A compreensão crítica dos limites da prática tem que ver com o problema do *poder,* que é de classe e tem que ver, por isso mesmo, com a questão da luta e do conflito de classes. Compreender o nível em que se acha a luta de classes em uma dada sociedade é indispensável à demarcação dos espaços, dos conteúdos da educação, do historicamente possível, portanto, dos limites da prática político-educativa.

Uma coisa, por exemplo, foi trabalhar em alfabetização e educação de adultos no Brasil dos fins dos anos cinquenta e começos dos sessenta, outra, foi trabalhar em educação popular durante o regime militar.

Uma coisa foi trabalhar no Brasil, na fase do regime populista que, por sua própria ambiguidade, ora continha as massas populares ora as trazia às ruas, às praças, o que terminava por lhes ensinar a vir às ruas por sua conta, outra, foi trabalhar em plena ditadura militar com elas reprimidas, silenciadas e assustadas. Pretender obter no segundo momento o que se obteve no anterior na aplicação de uma certa metodologia revela falta de compreensão histórica, desconhecimento da noção de limite. Uma coisa foi trabalhar no início mesmo da ditadura militar, outra, nos anos setenta. Uma coisa foi fazer educação popular no Chile do governo Allende, outra é fazer hoje, na ditadura. Uma coisa foi trabalhar em áreas populares no regime Somoza na Nicarágua, outra, é trabalhar hoje, com o seu povo se apossando de sua história.

O que quero dizer é que uma mesma compreensão da prática educativa, uma mesma metodologia de trabalho não operam necessariamente de forma idêntica em contextos diferentes. A intervenção é histórica, é cultural, é política. É por isso que insisto tanto em que as experiências não podem ser transplantadas mas reinventadas. Em outras palavras, devo descobrir, em função do meu conhecimento tão rigoroso quanto possível da realidade, como aplicar de forma diferente um mesmo princípio válido, do ponto de vista de minha opção política.

A leitura atenta e crítica da maior ou menor intensidade e profundidade com que o conflito de classes vai sendo vivido nos indica as formas de resistência possíveis das classes populares, em certo momento. Sua maior ou menor mobilização que envolve sempre um certo grau de organização. A luta de classes não se verifica apenas quando as classes trabalhadoras, mobilizando-se, organizando-se, lutam claramente, determinadamente, com suas lideranças, em defesa de seus interesses, mas, sobretudo, com vistas à superação do sistema capitalista. A luta de classes existe também, latente, às vezes escondida, oculta, expressando-se em diferentes formas de resistência ao poder das classes dominantes. Formas de resistência que venho chamando "manhas" dos oprimidos, no fundo, "imunizações", que as classes populares vão criando em seu corpo, em sua linguagem, em sua cultura. Daí a necessidade fundamental que tem o educador popular de compreender as formas de resistência das classes populares, suas festas, suas danças, seus folguedos, suas lendas, suas devoções, seus medos, sua semântica, sua sintaxe, sua religiosidade. Não me parece possível organizar programas de ação político-pedagógica sem levar seriamente em conta as resistências das classes populares.

É preciso entender que as formas de resistência envolvem em si mesmas limites que as classes populares se põem com relação à sua sobrevivência em face do poder dos dominantes. Em muitos momentos do conflito de classe, as classes populares, mais imersas que emersas na realidade, têm em sua resistência uma espécie de muro por detrás de que se escondem. Se o educador não é capaz de entender a dimensão concreta do medo e, discursando numa linguagem já em si difícil, propõe ações que ultrapassam demasiado as fronteiras da resistência, obviamente será recusado. Pior ainda, pode intensificar o medo dos grupos populares. Isto não significa que o educador não deva ousar. Precisa saber, porém, que a ousadia, ao implicar uma ação que vai mais além do limite aparente, tem seu limite real.

Se falta este à percepção do grupo popular não pode faltar ao educador.

Em última análise, quanto mais rigorosamente competentes nos consideremos a nós mesmos e a nossos pares, tanto mais devemos reconhecer que, se o papel organizador, interferente, do educador progressista não é jamais o de alojar-se, de armas de bagagens, na cotidianidade popular, não é também o de quem, com desprezo inegável, considera nada ter a fazer com o que lá ocorre. A cotidianidade, Karel Kosik[9] deixou-o muito claro em sua *Dialética do concreto,* é o espaço-tempo em que a mente não opera epistemologicamente em face dos objetos, dos dados, dos fatos. Se dá conta deles mas não apreende a razão de ser mais profunda dos mesmos. Isto não significa, porém, que eu não possa e não deva tomar a cotidianidade e a forma como nela me movo no mundo como objeto de minha reflexão; que não procure superar o puro dar-me conta dos fatos a partir da compreensão crítica que dele vou ganhando.

Às vezes, a violência dos opressores e sua dominação se fazem tão profundas que geram em grandes setores das classes populares a elas submetidas uma espécie de *cansaço existencial* que, por sua vez, está associado ou se alonga no que venho chamando de *anestesia histórica,* em que se perde a ideia do amanhã como projeto. O amanhã vira o hoje repetindo-se, o hoje violento e perverso de sempre. O hoje do ontem, dos bisavós, dos avós, dos pais, dos filhos e dos filhos destes que virão depois. Daí a necessidade de uma séria e rigorosa "leitura do mundo", que não prescinde, pelo contrário, exige uma séria e rigorosa leitura de

---

9. Karel Kosik. *Dialética do concreto*. Rio de Janeiro: Paz e Terra, 1976.

textos. Daí a necessidade de competência científica que não existe por ela e para ela, mas a serviço de algo e de alguém, portanto contra algo e contra alguém... Daí a necessidade da intervenção competente e democrática do educador nas situações dramáticas em que os grupos populares, demitidos da vida, estão como se tivessem perdido o seu endereço no mundo. Explorados e oprimidos a tal ponto que até a identidade lhes foi expropriada.[10]

Recentemente, em conversa comigo em que falava de sua prática numa área castigada, sofrida, da periferia de São Paulo, uma pré-escola que funciona em salão paroquial e de cuja direção hoje fazem parte representantes das famílias locais, me descreveu a educadora Madalena Freire Weffort um dos seus momentos de intervenção.

O caso de Madalena tem que ver com as reflexões que fiz anteriormente.

Rondando a escola, perambulando pelas ruas da vila, seminua, o sujo na cara, que escondia sua beleza, alvo de zombaria das outras crianças e dos adultos também, vagava perdida, e o pior, perdida de si mesma, uma espécie de menina de ninguém.

Um dia, diz Madalena, a avó da menina a procurou pedindo que recebesse a neta na escola, dizendo também que não poderia pagar a quota quase simbólica estabelecida pela direção popular da escola.

---

10. É preciso deixar claro, mesmo correndo o risco de repetir-me, que a superação de uma tal forma de estar sendo por parte das classes populares se vai dando na práxis histórica e política, no engajamento crítico nos conflitos sociais. O papel, porém, do educador neste processo é de imensa importância.

"Não creio que haja problema, disse Madalena, com relação ao pagamento. Tenho, porém, uma exigência para poder receber 'Carlinha': que me chegue aqui limpa, banho tomado, com um mínimo de roupa. E que venha assim todos os dias e não só amanhã." A avó aceitou e prometeu que cumpriria. No dia seguinte Carlinha chegou à sala completamente mudada. Limpa, cara bonita, feições descobertas, confiante. Cabelos louros, para surpresa de toda gente.

A limpeza, a cara livre das marcas do sujo, sublinhavam sua presença na sala. Em lugar das zombarias, elogios dos outros meninos. Carlinha começou a confiar nela mesma. A avó começou a acreditar também não só em Carlinha mas nela igualmente. Carlinha se descobriu; a avó se re-descobriu.

Uma apreciação ingênua diria que a intervenção de Madalena teria sido pequeno-burguesa, elitista, alienada. Como exigir que uma criança favelada venha à escola de banho tomado?

Madalena, na verdade, cumpriu o seu dever de educadora progressista. Sua intervenção possibilitou à criança e à sua avó a conquista de um espaço, o da sua dignidade, no respeito dos outros. Amanhã, será mais fácil a Carlinha se reconhecer, também, como membro de uma classe toda, a trabalhadora, em busca de melhores dias.

Sem intervenção do educador, intervenção democrática, não há educação progressista.

Mas, a intervenção do educador não se dá no ar.

Se dá na relação que estabelece com os educandos no contexto maior, em que os educandos vivem sua cotidianidade na qual se cria um conhecimento de pura experiência feito. A atividade docente da escola que visa à superação do saber de pura experiência feito, não pode, porém, como disse antes, recusar a importância da cotidianidade.

É preciso sermos um pouco mais humildes quando nos referimos a este saber — o de experiência feito.

Sábado passado participei do Primeiro Tribunal do Menor, em Teresina, a que acorreram umas sete mil pessoas. Entre as testemunhas havia três crianças chamadas geralmente "menores carentes", que falaram de sua vida, de seu trabalho, da discriminação que sofrem, do assassinato de seus companheiros. E o fizeram com ótimo domínio de linguagem, com clareza, com sabedoria e, às vezes, com humor. "Se diz" afirmou um deles, "que nós, as crianças, somos o futuro do país. Mas não temos nem presente", concluiu com um riso leve.

A preocupação com os limites da prática, no nosso caso, da prática educativa, enquanto ato político, significa reconhecer, desde logo, que ela tem uma certa eficácia. Se não houvesse nada a fazer com a prática educativa, não haveria por que falar dos seus limites.

Da *mesma forma* como não havia por que falar de seus limites se ela tudo pudesse. Falamos de seus limites precisamente porque, não sendo a alavanca da transformação profunda da sociedade a educação pode algo no sentido desta transformação.

Tenho dito várias vezes mas não é mau repetir agora que não foi a educação burguesa a que criou a burguesia mas a burguesia que, emergindo, conquistou sua hegemonia e, derrocando a aristocracia, sistematizou ou começou a sistematizar sua educação que, na verdade, vinha se gerando na luta da burguesia pelo poder. A escola burguesa teria de ter, necessariamente, como tarefa precípua dar sustentação ao poder burguês. Não há como negar que esta é a tarefa que as classes dominantes de qualquer sociedade burguesa esperam de suas escolas e de seus professores. É verdade. Não pode haver dúvida em torno disto. Mas, o outro lado da questão está em que o papel da escola não termina ou se esgota aí. Este é um pedaço apenas da verdade. Há outra tarefa a ser cumprida na escola apesar do poder dominante e por causa dele — a de *desopacizar* a realidade *enevoada* pela ideologia dominante. Obviamente, esta é a tarefa dos professores e das professoras progressistas que estão certos de que têm o dever de ensinar competentemente os conteúdos mas também estão certos de que, ao fazê-lo, se obrigam a desvelar o mundo da opressão. Nem conteúdo só, nem desvelamento só, como se fosse possível separá-los, mas o desvelamento do mundo opressor através do ensino dos conteúdos. O cumprimento dessa tarefa progressista implica ainda a luta incansável pela escola pública, de um lado, e de outro, o esforço para ocupar o seu espaço no sentido de fazê-la melhor. Esta é uma luta que exige claridade política e competência científica. E por isso que, ao perceber a necessidade de sua competência e de sua permanente atualização o educador e a educadora progressista têm de criar em si mesmos a virtude ou a qualidade da coragem. A coragem de lutar por salários menos imorais e por condições menos desfavoráveis ao cumprimento de sua tarefa.

Consciente dos limites de sua prática, a professora progressista sabe que a questão que se coloca a ela não é a de esperar que as transformações radicais se realizem para que possa atuar. Sabe, pelo contrário, ter muito o que fazer para ajudar a própria transformação radical.

É aí, ao saber que tem muito o que fazer, que não está condenada ao imobilismo fatalista, imobilismo que não é capaz de compreender a dialeticidade entre infra e supra-estrutura, que o problema dos limites à sua prática se põe a ele ou a ela. É exatamente nesse nível crítico que, recusando a visão ingênua da educação como alavanca da transformação, recusa, igualmente, o desprezo por ela, como se a educação fosse coisa a ser feita só "depois" da mudança radical da sociedade.

É aí também que deve começar e intensificar um grande e bom combate: o de fazer educação popular na escola pública, não importa o grau. É esse o momento também em que o educador progressista percebe que a claridade política é indispensável, necessária, mas não suficiente, como também percebe que a competência científica é necessária mas igualmente não suficiente.

Gostaria, agora, de apresentar, numa listagem cuja ordem não implica maior ou menor importância, alguns dos obstáculos com os quais nos defrontamos na prática educativa e a respeito dos quais devemos estar alertados.

A distância demasiado grande entre o discurso do educador e sua prática, sua incoerência, é um desses obstáculos. O educador diz de si mesmo que é um progressista, discursa progressistamente e tem uma prática retrógrada, autoritária, na qual trata os educandos como puros pacientes de sua sabedoria. Na verdade, sua prática autoritária é que é o seu verdadeiro discurso. O outro é pura sonoridade verbal.

Obstáculo, também, à prática progressista, como já salientei antes, é a posição que às vezes se pensa ser o contrário positivo da autoritária e não é: a licenciosa, em que o educador recusa interferir como organizador necessário, como ensinante, como desafiador.

Não menos prejudicial à prática progressista é a dicotomia entre prática e teoria que ora se vive em posições de caráter basista, em que só a prática em áreas populares é válida, funcionando como uma espécie de passaporte do militante, ora só é válida numa teorização academicista ou intelectualista. Na verdade, o que devemos buscar é a unidade dialética, contraditória, entre teoria e prática, jamais sua dicotomia.

A questão da linguagem, no fundo, uma questão de classe, é igualmente outro ponto em que pode emperrar a prática educativa progressista. Um educador progressista que não seja sensível à linguagem popular, que não busque intimidade com o uso das metáforas, das parábolas no meio popular, não pode comunicar-se com os educandos, perde a eficiência, é incompetente.

Quando me refiro aqui à sintaxe, à estrutura de pensamento popular, à necessidade que tem o educador progressista de familiarizar-se com ela, não estou sugerindo que ele renuncie à sua, como também à sua prosódia para identificar-se com a popular. Seria falsa esta postura, populista e não progressista. Não se trata de que o educador passe a dizer "a gente cheguemos". Trata-se do respeito e da compreensão a e por uma linguagem diferente. Não se trata tampouco de não ensinar o chamado "padrão culto" mas de, ao ensiná-lo, deixar claro que as classes populares, ao aprendê-lo, devem ter nele um instrumento a mais para melhor lutar contra a dominação.

O problema da sintaxe nos remete ao da estrutura do pensamento, à sua organização. Pensamento, linguagem, concretude, apreensão do concreto, abstração, conhecimento.

Nisso se acha outro ponto de estrangulamento da prática progressista. A formação intelectual do educador o leva a pensar a partir do abstrato, dicotomizado do concreto. Por isso é que me parece mais preciso dizer que sua formação o leva a descrever mais o conceito mesmo do objeto. Na sintaxe ou na organização popular do pensamento se descreve o objeto e não o seu conceito.

Se se pergunta a um estudante universitário o que é favela, sua tendência é, usando o verbo ser, verbo conotativo, descrever o conceito *favela*. Se se faz a mesma pergunta a um favelado, sua tendência é descrever a situação concreta da favela, usando o verbo *ter* na negativa. "Na favela não *tem* água, farmácia" etc.

O militante progressista que vai à área popular tende a fazer um discurso sobre a mais-valia em lugar de discuti-la com os trabalhadores, surpreendendo-a na análise do modo de produção capitalista, quer dizer, na análise da própria experiência do trabalhador.[11]

Me disse certa vez um amigo, o jovem educador mexicano Arturo Omelas, que, pretendendo fazer a construção

---

11. É a partir daí que o educador pode mais tarde dar aula sobre a mais-valia.

de um círculo, já não me recordo com que objetivo, após haver marcado no terreno quatro pontos cuja ligação daria a redondez, pediu a três camponeses com certa experiência de construção que fizessem a obra. Poucos dias depois o amigo voltou ao terreno e nada havia sido feito. Os homens diziam que, na verdade, não sabiam como realizar, como construir a redondez. O amigo insistiu em que poderiam fazer e marcou novo encontro para ver como iam as coisas. No dia acertado voltou e encontrou dois círculos de estacas fincadas no solo com a distância de uns cinquenta centímetros entre um e outro. Foi discutindo com os homens sobre a utilidade dos dois círculos de estacas que eles perceberam que, retirando as estacas, poderiam demarcar o terreno com cal e facilmente cavar o chão e fazer o alicerce.

Foi preciso, primeiro, partindo de uma pura vaguidade sobre a redondez, fazê-la concretamente para, depois, apreendê-la em abstrato e, assim, voltar ao concreto. Construí-la. Certa vez, num encontro que tive em São Luiz do Maranhão, com intelectuais que atuavam em áreas rurais e urbanas com trabalhadores populares, ouvi dois depoimentos sobre os quais vale a pena pensar. Depoimentos em torno da linguagem e do saber popular. O primeiro fala de uma reunião entre um grupo de camponeses e outro, de educadores profissionais, em que se tentava uma avaliação do trabalho então se realizando. Em pouco tempo, diz o informante, os intelectuais começaram a preocupar-se com pormenores técnicos de sua prática e a distanciar-se da realidade concreta. De repente, então, continua o informante, um dos camponeses fala e diz: "Do jeito que as coisas vão não vai dar pra continuar nossa conversa, porque, enquanto vocês aí tá interessado no *Sal,* nós, cá", referindo-se aos camponeses, "tá interessado no *Tempero* e o sal é só uma parte do tempero."

O segundo se referia ao esforço que fizera para ser aceito por uma comunidade eclesial de base na esperança de obter a permissão de se experimentar a si mesmo nas reuniões com os camponeses. Na terceira tentativa foi finalmente aceito. Iniciada a reunião o camponês que liderava pediu que se apresentasse e, em seguida, conta o segundo informante, dirigindo-se a ele disse: "Amigo, se você veio aqui pensando que ia ensinar nós a derrubar o pau, nós tem de dizer a você que não tem precisão. Nós já sabe derrubar o pau. O que nós quer saber é se você vai tá com nós na hora do tombo do pau."

Um dos obstáculos à nossa prática está aí. Vamos às áreas populares com os nossos esquemas "teóricos" montados e não nos preocupamos com o que sabem já as pessoas, os indivíduos que lá estão e como sabem. Não nos interessa saber o que homens e mulheres populares conhecem do mundo, como o conhecem e como nele se reconhecem, não nos interessa entender sua linguagem em torno do mundo. Não nos interessa saber se já sabem derrubar o pau.

Interessa-nos, pelo contrário, que "conheçam" o que conhecemos e da forma como conhecemos. E quando assim nos comportamos, prática ou teoricamente, somos autoritários, elitistas, reacionários, não importa que digamos de nós mesmos que somos avançados e pensamos dialeticamente.

Para concluir:

Que a alfabetização tem que ver com a identidade individual e de classe, que ela tem que ver com a formação da cidadania, tem. É preciso, porém, sabermos, primeiro, que ela não é a alavanca de uma tal formação — ler e escrever não são suficientes para perfilar a plenitude da cidadania —, segundo, é necessário que a tomemos e a façamos como um ato político, jamais como um *quefazer* neutro.

Paulo Freire
São Paulo/Brasília, maio de 1987.

Do direito de criticar — do dever de não mentir, ao criticar

O DIREITO DE CRITICAR e o dever, ao criticar, de não faltar à verdade para apoiar nossa crítica é um imperativo ético da mais alta importância no processo de aprendizagem de nossa democracia.

É preciso aceitar a crítica séria, fundada, que recebemos, de um lado, como essencial ao avanço da prática e da reflexão teórica, de outro, ao crescimento necessário do sujeito criticado. Daí que, ao sermos criticados, por mais que não nos agrade, se a crítica é correta, fundamentada, feita eticamente, não temos como deixar de aceitá-la, retificando assim nossa posição anterior. Assumir a crítica implica, portanto, reconhecer que ela nos convenceu, parcial ou totalmente, de que estávamos incorrendo em equívoco ou erro que merecia ser corrigido ou superado. Isto significa termos de aceitar algo óbvio: que nossas análises dos fatos, das coisas, que nossas reflexões, que nossas propostas, que nossa compreensão do mundo, que nossa maneira de pensar, de fazer política, de sentir a boniteza ou a feiura, as injustiças, que nada disso é unanimemente aceito ou recusado. Isto significa, fundamentalmente, reconhecer que é impossível estar no mundo, fazendo coisas, influenciando, intervindo, sem ser criticado.

Mas, apesar da obviedade do que acabo de dizer, isto é, de que é impossível agradar a gregos e troianos, quem faz algo tem de exercitar a humildade antes mesmo de começar a aparecer em função do que começou a fazer.

Vivida autenticamente, a humildade acalma, pacifica os possíveis ímpetos de intolerância de nossa vaidade em face da crítica, mesmo justa, que recebemos.

Não é possível, por outro lado, exercermos o direito de criticar, em termos construtivos, pretendendo ter no criticar um testemunho educativo, sem encarnar uma posição rigorosamente ética. Assim, o direito à prática de criticar exige de quem o assume o cumprimento à risca de certos deveres que, se não observados, retiram a validade e a eficácia da crítica. Deveres com relação ao autor que criticamos e deveres com relação aos leitores de nosso texto crítico. Deveres, no fundo, com relação a nós mesmos também.

O primeiro deles é não mentir. Não mentir em torno do criticado, não mentir aos leitores nem a nós próprios. Podemos nos equivocar, podemos errar. Mentir, nunca.

Um outro dever é procurarmos, com rigor, conhecer o objeto de nossa crítica. Não é ético nem rigoroso criticar o que não conhecemos. Não posso fundar minha crítica ao pensamento de A ou de B no que ouvi dizer de A e de B, nem sequer no que apenas li sobre A e B, mas no que eu mesmo li, no que pesquisei em torno de seu pensamento. É claro que, para criticar positiva ou negativamente o pensamento de A ou de B, me é importante também saber o que deles dizem outros autores. Isto porém não basta.

A exigência de conhecer o pensamento a ser criticado independe do bem-querer ou do malquerer que tenhamos à pessoa cujo pensamento analisamos.

Como criticar um texto que nem sequer li, baseado apenas na raiva que tenho do autor ou da autora ou porque José e Maria me disseram que o autor do texto é espontaneísta? Que temos o direito de ter raiva de gentes não há dúvida. É óbvio também. O direito que tenho de ter raiva de Maria ou de José não pode se alongar, porém, ao de mentir em torno dele ou dela. Não posso dizer, por exemplo, sem provar, que José e Maria disseram que pode haver prática educativa sem conteúdos. Em primeiro lugar, esta afirmação é uma inverdade histórica. Nunca houve nem há educação sem conteúdos. Segundo, se digo isto de José e de Maria, sublinhando portanto seu erro, sem provar que eles, na verdade, fizeram tal afirmação, minto com relação a José e Maria, minto com relação a mim mesmo e continuo trabalhando contra a democracia que não se constrói no falseamento da verdade.

Se minha indisposição por A ou por B provoca em mim um mal-estar que vai mais além dos limites, o que inviabiliza ou, no mínimo, dificulta que os leia, me devo obrigar uma posição de silêncio em face do que escrevem. E devo ainda criticar-me por não ser capaz de superar meus mal-estares pessoais. O que não posso é engrossar a fila dos que falam por falar, por ouvir dizer, e às vezes até sem nenhuma recusa afetiva a quem critica. Pelo contrário, dos que inclusive se dizem amigos do intelectual criticado mas que gravaram, como clichê imutável, frases feitas que se repetem com ares de enorme sabedoria. Insisto em que a falha destes não está no fato de criticarem um amigo. Não há *pecado* nenhum em criticar um amigo desde que o façamos eticamente.

Certa vez li, em um texto crítico de meu trabalho, que sou pouco rigoroso no trato dos temas. Em certo momento, por uma razão de que já não me recordo, o crítico citou um trecho da *Pedagogia do oprimido* com um erro lamentável que vinha se repetindo em diferentes reimpressões. "A *invasão* da práxis" em lugar de "A *inversão* da práxis". Me impressionou que um intelectual, que surpreende falta de rigor noutro, não perceba quão pouco rigoroso é ao citar semelhante não senso: "a *invasão* da práxis." E não como prova de minha falta de rigor.

Faltoso de rigor, esse intelectual sublinha o pouco rigor do outro.

O direito à crítica exige também do crítico um saber que deve ir além do saber em torno do objeto direto da crítica. Saber indispensável à rigorosidade do crítico.

Outro dever ético de quem critica é deixar claro a seus leitores que sua crítica abarca um texto apenas do criticado ou sua obra toda, seu pensamento.

Se o autor criticado escreveu vários trabalhos, ao criticarmos um deles, não podemos dizer que a crítica é a seu pensamento como totalidade, a não ser que, conhecendo a totalidade, nos convençamos disto. Reitero: o que não é possível é ler um entre dez textos e estender aos nove restantes a crítica feita a um, antes de analisar rigorosamente os demais.

A eticidade do trabalho intelectual não me permite a irresponsabilidade de ser leviano na apreciação da produção dos outros. Como disse antes, posso errar, posso me equivocar ou me confundir na minha análise mas não posso distorcer o pensamento que estudo e critico. Não posso dizer que o autor que critico disse *Y* se ele disse *M* e eu estou certo de que ele disse *M*.

Não posso criticar por pura inveja ou por pura raiva ou para simplesmente aparecer.

É inadmissível que, entre intelectuais de bom nível, escutemos afirmações como esta:

— Você já leu um trabalho recente desse autor que você critica tão duramente?

— Não. E tenho raiva de quem leu.

Este discurso nega totalmente o intelectual que o faz. Pior ainda: este discurso em nada contribui para a formação ético-científica dos alunos ou alunas de tal intelectual.

Recentemente escutei de educanda em tom sofrido, o quanto a decepcionara ter ouvido de professor em quem confiava referências críticas a certo intelectual fundadas quase no "me disseram" ou no "é isso o que se diz".

Nós professores não ensinamos apenas os conteúdos. Através do ensino deles, ensinamos também a pensar criticamente, se somos progressistas e ensinar para nós, por isso mesmo, não é depositar pacotes na consciência vazia dos educandos.

O nosso testemunho de seriedade nas citações ou nas referências que fazemos a autores de quem discordamos ou com quem concordamos ou, pelo contrário, a nossa irresponsabilidade no trato dos temas e dos autores, tudo isso pode interferir de maneira negativa ou positiva na formação permanente dos educandos.

De estudante brasileiro fazendo seu doutoramento em Paris ouvi, anos atrás, o seguinte: "Aprendi recentemente a significação profunda das citações. Estava discutindo um pequeno texto com meu orientador em que fazia uma citação de Merleau-Ponty. O professor fez um gesto de pausa e me colocou duas perguntas:

— Você leu, pelo menos, o capítulo inteiro de que você retirou a citação?

— Você está mesmo certo de que precisa fazer esta citação?"

"Na verdade", disse o amigo, "não havia lido Ponty e, desafiado pelas perguntas do orientador, fui ao texto de Merleau, revi o meu e percebi que a citação era desnecessária."

Citar, realmente, não pode ser pura exibição intelectual ou remédio para insegurança. Ler um livro, por exemplo, na tradução brasileira, por não dominar suficientemente a língua materna do autor, mas fazer a citação naquela é procedimento pouco ético e nada respeitável. Citar não pode ser, ainda, artifício, através do qual alongamos o nosso texto com retalhos de textos de outros.

Creio ser urgente, entre nós, superar este mau hábito que é, no fundo, um testemunho deformante, de criticar, de minimizar um autor, de imputar-lhe afirmações que jamais fez ou distorcer as que realmente fez. E de fazê-lo com ares de seriedade e de certeza tais que poderiam deixar em dúvida até o autor injustamente criticado. Em certo momento do processo os críticos se apoiam apenas no que ouvem e não no que leem ou pesquisam.

A crítica fácil, ligeira, se alastra irresponsável e, não raro, se perde no tempo. De repente, se ouve ainda de alguns desses críticos perdidos no tempo, como presenças mal-assombradas, que Freire é idealista. Que a *conscientização* na sua obra é a melhor prova de sua ilusão subjetivista. Não leram um texto de 1970 em que discuto detidamente este problema, um outro de 1974, ambos publicados pela Editora Paz e Terra em 1975, em *Ação cultural para a liberdade e outros escritos*. Não leram uma série de ensaios, de entrevistas, de livros dialógicos aparecidos nos anos oitenta e, mais recentemente, a *Pedagogia da esperança: um reencontro com a Pedagogia do oprimido*, que a Paz e Terra acaba de publicar. Não leram igualmente *A educação na cidade*, que foi publicado pela Cortez, de dezembro de 1991.*

Não que me pense devendo ser lido por toda gente. Não! Mas por quem, criticando-me, não pode furtar-se à leitura do que critica.

O direito incontestável de criticar exige de quem o exerce o dever de não mentir.

Paulo Freire

---

*Fora de circulação há vários anos, este livro está sendo preparado para publicação, em 2014, por Ana Maria Araújo Freire e Erasto Fortes, pela Editora Papirus, como novo enfoque, com o título de *Direitos Humanos e educação libertadoras: gestão democrática da SMEd/SP (1989-1991)*.

Educação e participação comunitária

Numa primeira aproximação ao enunciado que guarda em si o tema sobre que devo falar hoje, me parece fundamental que, dele tomando distância, alcance a sua substantividade. Sua significação mais profunda.

Em última análise, o que o enunciado sugere é que, partindo de uma compreensão crítica da *prática educativa* bem como de uma compreensão crítica da *participação comunitária,* nos alonguemos em considerações e análises em torno de suas relações. Em torno de como, fazendo educação numa perspectiva crítica, progressista, nos obrigamos, por coerência, a engendrar, a estimular, a favorecer, na própria prática educativa, o exercício do direito à *participação* por parte de quem esteja direta ou indiretamente ligado ao que fazer educativo.

Assim, começamos a pensar um pouco e em voz alta sobre o que entendemos por prática educativa. Deixemos a compreensão de uma certa prática educativa, a progressista, para mais adiante, e nos fixemos, agora, no esforço de inventariar conotações da prática educativa que tanto estão presentes se a prática é progressista ou se se realiza para tentar manter o *status quo;* se é neoliberal, pós-modernamente conservadora ou se, pelo contrário, é pós-modernamente progressista. O que nos interessa agora, pois, é surpreender certos núcleos fundamentais que fazem com que possamos dizer: esta não é uma prática educativa. Esta é uma prática educativa.

Me parece que o primeiro aspecto a sublinhar é que a prática educativa é uma dimensão necessária da prática social, como a prática produtiva, a cultural, a religiosa etc.

Enquanto prática social a prática educativa, em sua riqueza, em sua complexidade, é fenômeno típico da existência, por isso mesmo fenômeno exclusivamente humano. Daí, também, que a prática educativa seja histórica e tenha historicidade. A existência humana não tem o ponto determinante de sua caminhada fixado na espécie. Ao inventar a existência, com os "materiais" que a vida lhes ofereceu, os homens e as mulheres inventaram ou descobriram a *possibilidade* que implica necessariamente a liberdade que não receberam mas que tiveram de criar na briga por ela. Seres indiscutivelmente programados, mas, como salienta François Jacob,[12] "programados para aprender", portanto seres curiosos, sem o que não poderiam saber, mulheres e homens se arriscam, se aventuram, se educam no jogo da liberdade.

Sem a invenção da linguagem nada disso teria sido possível mas, por outro lado, a linguagem, que não existe sem pensamento enquanto é possível pensamento sem linguagem, não surgiu ou se constituiu por pura decisão inteligente do animal virando gente. As mãos soltas, libera-

---

12. François Jacob. Nous sommes programmés, mais pour apprendre, *Le Courrier de L' Unesco*, fevereiro, 1991.

das, trabalhando instrumentos para a caça, que alongavam o corpo ampliando assim seu espaço de ação, tiveram importância indiscutível na construção social da linguagem.

Faz muito tempo que Sollas disse: "Os trabalhos feitos pelas mãos do homem são seu pensamento revestido de matéria."[13]

Não há dúvida de que a linguagem se desenvolveu e se desenvolve enquanto coisas são feitas por indivíduos para si mesmos ou para outros também, em cooperação. É preciso, porém, reconhecer que o uso de instrumentos e sua fabricação não bastavam, tampouco o trabalho não isolado. Outros animais usam instrumentos e, mais ainda, caçam juntos e, nem por isso, falam. "A atividade específica dos seres humanos", diz Josef Schubert[14], "é o uso cooperativo de instrumentos na produção e na aquisição de alimento e outros bens." E, para isso, a linguagem se fez necessária.

Foi reinventando-se a si mesmo, experimentando ou sofrendo a tensa relação entre o que herda e o que recebe ou adquire do contexto social que cria e que o recria, que o ser humano veio se tornando este ser que, para ser, tem de estar sendo. Este ser histórico e cultural que não pode ser explicado somente pela biologia ou pela genética nem tampouco apenas pela cultura. Que não pode ser explicado somente por sua consciência como se esta em lugar de ter-

---

13. Ashley Montagu. Toolmaking, hunting and the Origin of Language; in *The Sociogenesis of Language and Human Conduct*. Editado por Bruce Bain. Nova York: Plenum Press, p. 3.
14. Josef Schubert, The implications of Luria's theories for cross-cultural research on language and intelligence, in *The Sociogenesis of Language and Human Conduct*. Editado por Bruce Bain. Nova York: Plenum Press, p. 61.

se constituído socialmente e transformado seu corpo em um *corpo consciente* tivesse sido a criadora todo-poderosa do mundo que o cerca, nem tampouco pode ser explicado como puro resultado das transformações que se operaram neste mundo. Este ser que vive, em si mesmo, a dialética entre o social, sem o que não poderia ser e o individual, sem o que se dissolveria no puro social, sem marca e sem perfil.

Este ser social e histórico, que somos nós, mulheres e homens, condicionado mas podendo reconhecer-se como tal, daí poder superar os limites do próprio condicionamento, "programado [mas] para aprender" — teria necessariamente que entregar-se à experiência de ensinar e de aprender.

A organização de sua produção, a educação das gerações mais jovens ou o culto de seus mortos, tanto quanto a expressão de seu espanto diante do mundo, de seus medos, de seus sonhos, que são uma certa "escrita" artística de sua realidade que ele sempre "leu", muito antes de haver inventado a escrita ou a tentativa sempre presente de decifrar os mistérios do mundo pela adivinhação, pela magia e, depois, pela ciência, tudo isso teria de acompanhar mulheres e homens como criação sua e como instigação para mais aprender, para mais ensinar, para mais conhecer.

Fixemo-nos agora na prática educativa em si tal qual a realizamos hoje e tentemos detectar nela os sinais que a caracterizam como tal. Procuremos surpreender seus componentes fundamentais sem os quais não há prática educativa.

De forma simples, esquemática até, mas não simplista, poderemos dizer que toda situação educativa implica:

a) Presença de sujeitos. O sujeito que, ensinando, aprende e o sujeito que, aprendendo, ensina.

Educador e educando.

b) Objetos de conhecimento a ser ensinados pelo professor (educador) e a ser apreendidos pelos alunos (educandos) para que possam aprendê-los.

Conteúdos.

c) Objetivos mediatos e imediatos a que se destina ou se orienta a prática educativa.

É exatamente esta necessidade de ir mais além de seu momento atuante ou do momento em que se realiza — *diretividade da educação* — que, não permitindo a neutralidade da prática educativa, exige do educador a assunção, de forma ética, de seu sonho, que é político. Por isso, impossivelmente neutra, a prática educativa coloca ao educador o imperativo de *decidir,* portanto, de *romper* e de *optar,* tarefas de sujeito participante e não de objeto manipulado.

d) Métodos, processos, técnicas de ensino, materiais didáticos, que devem estar em coerência com os objetivos, com a opção política, com a utopia, com o sonho de que o projeto pedagógico está impregnado.

Se os seres humanos não tivessem virado capazes, por causa, entre outras coisas, da invenção da linguagem conceitual, de optar, de decidir, de romper, de projetar, de refazer-se ao refazer o mundo, de sonhar; se não se tivessem tornado capazes de valorar, de dedicar-se até ao sacrifício ao sonho por que lutam, de cantar e decantar o mundo, de admirar a boniteza, não havia por que falar da impossibilidade da neutralidade da educação. Mas não havia também por que falar em educação. Falamos em educação porque podemos, ao praticá-la, até mesmo negá-la.

É o uso da liberdade que nos leva à necessidade de optar e esta à impossibilidade de ser neutros.

Agora bem, a impossibilidade total de ser neutros em face do mundo, do futuro — que não entendo como um tempo inexorável, um dado dado, mas como um tempo a ser feito através da transformação do presente com que se vão encarnando os sonhos —, nos coloca necessariamente o direito e o dever de nos posicionar como educadores. O dever de não nos omitir. O direito e o dever de viver a prática educativa em coerência com a nossa opção política. Daí que, se a nossa é uma opção progressista, substantivamente democrática, devemos, respeitando o direito que têm os educandos de também optar e de aprender a optar, para o que precisam de liberdade, testemunhar-lhes a liberdade com que optamos (ou os obstáculos que tivemos para fazê-lo) e jamais tentar sub-repticiamente ou não impor-lhes nossa escolha.

Se a nossa é uma opção democrática e se somos coerentes com ela, de tal maneira que nossa prática não contradiga o nosso discurso, não nos é possível fazer uma série de coisas não raro realizadas por quem se proclama progressista.

Vejamos algumas:

1) Não tomar em consideração o conhecimento de experiência feito com que o educando chega à escola, valorando apenas o saber acumulado, chamado científico, de que é possuidor.

2) Tomar o educando como objeto da prática educativa de que ele é um dos sujeitos. Desta forma, o educando é pura incidência de sua ação de ensinar. A ele como sujeito lhe cabe ensinar, quer dizer, transferir pacotes de conhe-

cimento ao educando; a este cabe docilmente receber agradecido o pacote e memorizá-lo.

Ao educador democrata lhe cabe também ensinar mas, para ele ou ela, ensinar não é este ato mecânico de transferir aos educandos o perfil do conceito do objeto. Ensinar é sobretudo tornar possível aos educandos que, epistemologicamente curiosos, vão se apropriando da significação profunda do objeto somente como, *apreendendo-o,* podem *aprendê-lo.*

Ensinar e aprender para o educador progressista coerente são momentos do processo maior de conhecer. Por isso mesmo, envolvem busca, viva curiosidade, equívoco, acerto, erro, serenidade, rigorosidade, sofrimento, tenacidade mas também satisfação, prazer, alegria.[15]

3) Alardear aos quatro ventos que quem pensa diferentemente, quer dizer, quem respeita o saber com que o educando chega à escola, não para ficar girando em torno dele mas para ir além dele, é populista, focalista e licencioso.

4) Defender a visão estreita da escola como um espaço exclusivo de "lições a ensinar e de lições a tomar", devendo assim estar imunizada (a escola) das lutas, dos conflitos, que se dão "longe dela", no mundo distante. A escola, no fundo, não é sindicato...

5) Hipertrofiar sua autoridade a tal ponto que afogue as liberdades dos educandos e se estas se rebelam a solução está no reforço do autoritarismo.

6) Assumir constantemente posições intolerantes nas quais é impossível a convivência com os diferentes.

---

15. Ver a este propósito Georges Snyders, sobretudo *La Joie à l'école.* Paris: Press Universitaires de France, 1986.

A intolerância é sectária, acrítica, castradora. O intolerante se sente dono da verdade, que é dele.

Não é possível crescer na intolerância. O educador coerentemente progressista sabe que estar demasiado certo de suas certezas pode conduzi-lo a considerar que fora delas não há salvação.

O intolerante é autoritário e messiânico. Por isso mesmo em nada ajuda o desenvolvimento da democracia.

7) Fundar sua procura da melhora qualitativa da educação na elaboração de "pacotes" conteudísticos a que se juntam manuais ou guias endereçados aos professores para o uso dos pacotes.

Percebe-se como uma tal prática transpira autoritarismo. De um lado, no nenhum respeito à capacidade crítica dos professores, a seu conhecimento, à sua prática; de outro, na arrogância com que meia dúzia de especialistas que se julgam iluminados elabora ou produz o "pacote" a ser docilmente seguido pelos professores que, para fazê-lo, devem recorrer aos guias.

Uma das conotações do autoritarismo é a total descrença nas possibilidades dos outros.

O máximo que faz a liderança autoritária é o arremedo de democracia com que às vezes procura ouvir a opinião dos professores em torno do programa que já se acha, porém, elaborado.

Em lugar de apostar na formação dos educadores o autoritarismo aposta nas suas "propostas" e na *avaliação* posterior para ver se o "pacote" foi realmente assumido e seguido.

Do ponto de vista coerentemente progressista, portanto democrático, as coisas são diferentes. A melhora da qualidade da educação implica a formação permanente dos educadores. E a formação permanente se funda na prática de analisar a prática. É pensando sua prática, naturalmente com a presença de pessoal altamente qualificado, que é possível perceber embutida na prática uma teoria não percebida ainda, pouco percebida ou já percebida mas pouco assumida.

Entre "pacotes" e formação permanente o educador progressista coerente não vacila: se entrega ao trabalho de formação. É que ele ou ela sabe muito bem, entre outras coisas, que é pouco provável conseguir a criticidade dos educandos através da domesticação dos educadores. Como pode a educadora provocar no educando a curiosidade crítica necessária ao ato de conhecer, seu gosto do risco, da aventura criadora, se ela mesma não confia em si, não se arrisca, se ela mesma se encontra amarrada ao "guia" com que deve transferir aos educandos os conteúdos tidos como "salvadores"?

Esta forma autoritária de apostar nos pacotes e não na formação científica, pedagógica, política do educador e da educadora revela como o autoritário teme a liberdade, a inquietação, a incerteza, a dúvida, o sonho e anseia pelo imobilismo. Há muito de necrofílico no autoritário assim como há muito biofílico[16] no progressista coerentemente democrático.

Creio que, depois de todas as considerações feitas até agora, nos é possível começar a refletir criticamente tam-

---

16. A propósito de necrofilia e biofilia, ver Erich Fromm, sobretudo *O coração do homem*. Rio de Janeiro: Zahar Editores, 1981.

bém sobre a questão da participação em geral e da participação comunitária em particular.

A primeira observação a ser feita é que a participação, enquanto exercício de voz, de ter voz, de ingerir, de decidir em certos níveis de poder, enquanto direito de cidadania se acha em relação direta, necessária, com a prática educativo-progressista, se os educadores e educadoras que a realizam são coerentes com seu discurso. O que quero dizer é o seguinte: constitui contradição gritante, incoerência clamorosa uma prática educativa que se pretende progressista mas que se realiza dentro de modelos de tal maneira rígidos, verticais, em que não há lugar para a mais mínima posição de dúvida, de curiosidade, de crítica, de sugestão, de presença viva, com voz, de professores e professoras que devem estar submissos aos pacotes; dos educandos, cujo direito se resume ao dever de estudar sem indagar, sem duvidar, submissos aos professores; dos zeladores, das cozinheiras, dos vigias que, trabalhando na escola, são também educadores e precisam ter voz; dos pais, das mães, que são convidados a vir à escola ou para festinhas de fim de ano ou para receber queixas de seus filhos ou para se engajar em mutirões para o reparo do prédio ou até para "participar" de quotas a fim de comprar material escolar... Nos exemplos que dei, temos, de um lado, a proibição ou a inibição total da participação; de outro, a falsa participação.

Quando fui Secretário de Educação da cidade de São Paulo, obviamente comprometido com fazer uma administração que, em coerência com o nosso sonho político, com a nossa utopia, levasse a sério, como devia ser, a questão da participação popular nos destinos da escola, tivemos, meus companheiros de equipe e eu, de começar pelo começo mesmo. Quer dizer, começamos por fazer uma reforma administrativa para que a Secretaria de Educação trabalhasse de forma diferente. Era impossível fazer uma administração democrática, em favor da autonomia da escola que, sendo pública fosse também popular, com estruturas administrativas que só viabilizavam o poder autoritário e hierarquizado. Do Secretário aos diretores imediatos, destes aos chefes de setores que, por sua vez, estendem as ordens às escolas. Nestas, a Diretora, juntando às ordens recebidas alguns caprichos seus, emudecem zeladores, vigias, cozinheiras, professoras e alunos. Claro que há sempre exceções, sem as quais o trabalho de mudança restaria demasiado difícil.

Não seria possível pôr a rede escolar à altura dos desafios que a democracia brasileira em aprendizagem nos coloca estimulando a tradição autoritária de nossa sociedade. Era preciso, pelo contrário, democratizar o poder, reconhecer o direito de voz aos alunos, às professoras, diminuir o poder pessoal das diretoras, criar instâncias novas de poder com os Conselhos de Escola, deliberativos e não apenas consultivos e através dos quais, num primeiro momento, pais e mães ganhassem ingerência nos destinos da escola de seus filhos; num segundo, esperamos, é a própria comunidade local que, tendo a escola como algo seu, se faz igualmente presente na condução da política educacional da escola. Era preciso, pois, democratizar a Secretaria. Descentralizar decisões. Era necessário inaugurar um governo colegiado que limitasse o poder do Secretário. Era preciso reorientar a política de formação dos docentes, superando os tradicionais cursos de férias em que se insiste no discurso sobre a teoria, pensando-se em que, depois, as educadoras põem em prática a teoria de que se falou no curso pela prática de discutir a prática. Esta é uma eficaz forma de vivermos a unidade dialética entre prática e teoria. O que quero deixar claro é que um maior nível de participação democrática dos alunos, dos professores, das professoras, das mães, dos pais, da comunidade local, de uma escola que, sendo pública, pretenda ir tornando-se popular, demanda estruturas leves, disponíveis à mudança, descentralizadas, que viabilizem, com rapidez e eficiência, a ação governamental. As estruturas pesadas, de poder centralizado, em que soluções que precisam de celeridade, as arrastam de setor a setor, à espera de um parecer aqui, de outro acolá, se identificam e servem a administrações autoritárias, elitistas e, sobretudo, tradicionais, de gosto colonial. Sem a transformação de estruturas assim que terminam por nos perfilar à sua maneira, não há como pensar em participação popular ou comunitária. A democracia demanda estruturas democratizantes e não estruturas inibidoras da presença participativa da sociedade civil no comando da *res-pública*.

Foi isso o que fizemos. Devo ter sido o Secretário de Educação da cidade de São Paulo que menos poder pessoal teve mas pude, por isso mesmo, trabalhar eficazmente e decidir com os outros.

Recentemente, aluna[17] de pós-graduação do Programa de Supervisão e Currículo da Pontifícia Universidade

---

17. Margarite May Berkenbrock, a quem agradeço por me haver permitido fazer a citação de afirmação de uma das suas entrevistas.

Católica de São Paulo, que trabalha em sua dissertação de mestrado sobre *Participação Popular na Escola: um aprendizado democrático no país das excludências*, em conversa com mães de alunos de uma das escolas municipais, ouviu de uma delas, ao perguntar-lhe:

"Você acha que é importante o Conselho de Escola? Por quê?"

"Sim" respondeu a mãe indagada. "É bom porque em parte a comunidade pode saber como a escola é por dentro. O que é feito com nossos filhos, a utilização do dinheiro. Antes, a comunidade ficava do portão para fora. Só entrávamos na escola para saber das notas e reclamações dos filhos. Era só para isso que, antigamente, os pais eram chamados — ou para trazer para as festas um prato de quitute."

"Com a chegada do Conselho se abre um espaço para que o pai", continua ela, "ao entrar na escola, comece a conhecer a escola por dentro. Através do Conselho conseguimos almoço para o Segundo Período, porque, pelo horário, as crianças não almoçam em casa."

Não foram poucas, porém, as resistências que enfrentamos por parte de Diretoras, de Coordenadoras Pedagógicas, de Professoras, "hospedando" nelas a ideologia autoritária, colonial, elitista.

"Que isso?" indagavam às vezes, entre surpresas e feridas, "será que vamos ter que aturar palpites e críticas dessa gente ignorante, que nada sabe de Pedagogia?"

A ideologia, cuja morte foi proclamada mas continua bem viva, com seu poder de *opacizar* a realidade e de nos *miopizar*, as proibia de perceber que o saber de "experiência feito" dos pais, educadores primeiros, tinha muito a contribuir no sentido do crescimento da escola e que o saber das professoras poderia ajudar os pais para a melhor compreensão de problemas vividos em casa. Finalmente, o ranço autoritário não deixava pressentir, sequer, a importância para o desenvolvimento de nosso processo democrático do diálogo entre aqueles saberes e a presença popular na intimidade da escola. É que, para os autoritários, a democracia se deteriora quando as classes populares estão ficando demasiado presentes nas escolas, nas ruas, nas praças públicas, denunciando a feiura do mundo e anunciando um mundo mais bonito.

Gostaria de encerrar minha contribuição a este encontro dentro do tema sobre que me coube falar insistindo em que a participação comunitária, no campo em torno do qual falei mais, o da escola, em busca de sua autonomia, não deve significar, para mim, a omissão do Estado.

A autonomia da escola não implica dever o Estado fugir a seu dever de oferecer educação de qualidade e em quantidade suficiente para atender a demanda social.

Não aceito certa posição neoliberal que vendo perversidade em tudo o que o Estado faz defende uma privatização *sui-generis* da educação. Privatiza-se a educação mas o Estado a financia. Cabe a ele então repassar o dinheiro às escolas que são organizadas por lideranças da sociedade civil.

Alguns grupos populares têm engrossado esta linha sem perceber o risco que correm: o de estimular o Estado a lavar as mãos como Pilatos diante de um de seus mais sérios compromissos — o compromisso com a educação popular.

Os grupos populares certamente têm o direito de, organizando-se, criar suas escolas comunitárias e de lutar para fazê-las cada vez melhores. Têm o direito inclusive de exigir do Estado, através de convênios de natureza nada paternalista, colaboração. Precisam, contudo, estar advertidos de que sua tarefa não é substituir o Estado no seu dever de atender às camadas populares e a todos os que e as que, das classes favorecidas, procurem suas escolas.

Nada deve ser feito, portanto, no sentido de ajudar o Estado elitista a descartar-se de suas obrigações. Pelo contrário, dentro de suas escolas comunitárias ou dentro das escolas públicas, as classes populares precisam, aguerridas, de lutar para que o Estado cumpra com o seu dever.

A luta pela autonomia da escola não é antinômica à luta pela escola pública.

Paulo Freire
São Paulo, 25 de outubro de 1992.

Ninguém nasce feito: é experimentando-nos no mundo que nós nos fazemos

Ninguém nasce feito. Vamos nos fazendo aos poucos, na prática social de que tomamos parte.

Não nasci professor ou marcado para sê-lo, embora minha infância e adolescência tenham estado sempre cheias de "sonhos" em que rara vez me vi encarnando figura que não fosse a de professor.

"Brinquei" tanto de professor na adolescência que, ao dar as primeiras aulas no curso então chamado de "admissão" no Colégio Oswaldo Cruz do Recife, nos anos 40, não me era fácil distinguir o professor do imaginário do professor do mundo real. E era feliz em ambos os mundos. Feliz quando puramente sonhava dando aula e feliz quando, de fato, ensinava.

Eu tinha, na verdade, desde menino, um certo gosto docente, que jamais se desfez em mim. Um gosto de ensinar e de aprender que me empurrava à prática de ensinar que, por sua vez, veio dando forma e sentido àquele gosto. Umas dúvidas, umas inquietações, uma certeza de que as coisas estão sempre se fazendo e se refazendo e, em lugar de inseguro, me sentia firme na compreensão que, em mim, crescia de que a gente não é, de que a gente está sendo.

Às vezes, ou quase sempre, lamentavelmente, quando pensamos ou nos perguntamos sobre a nossa trajetória profissional, o centro exclusivo das referências está nos cursos realizados, na formação acadêmica e na experiência vivida na área da profissão. Fica de fora como algo sem importância a nossa presença no mundo. É como se a atividade profissional dos homens e das mulheres não tivesse nada que ver com suas experiências de menino, de jovem, com seus desejos, com seus sonhos, com seu bem-querer ao mundo ou com seu desamor à vida. Com sua alegria ou com seu mal-estar na passagem dos dias e dos anos.

Na verdade, não me é possível separar o que há em mim de profissional do que venho sendo como homem. Do que estive sendo como menino do Recife, nascido na década de 20, em família de classe média, acossada pela crise de 29. Menino cedo desafiado pelas injustiças sociais como cedo tomando-se de raiva contra preconceitos raciais e de classe a que juntaria mais tarde outra raiva, a raiva dos preconceitos em torno do sexo e da mulher.

Como não perceber, por exemplo, que de minha formação profissional faz parte bom tempo de minha adolescência em Jaboatão, perto do Recife, em que não apenas joguei futebol com meninos de córregos e de morros, meninos das chamadas classes menos afortunadas, mas também com eles aprendi o que significava comer pouco ou nada comer.

Algumas opções radicais, jamais sectárias, que me movem hoje como educador, portanto como político, começaram a se gestar naquele tempo distante.

A *Pedagogia do oprimido,* escrita tanto tempo depois daquelas partidas de futebol ao lado de Toinho Morango, de Reginaldo, de Gerson Macaco, de Dourado, cedo roídos pela tuberculose, tem que ver com o aprendizado jamais interrompido, que comecei a fazer naquela época — o da necessidade de transformação, da reinvenção do mundo em favor das classes oprimidas.

Um segundo momento desta trajetória, importante também, se dá quando o diretor do Colégio Oswaldo Cruz, Aluízio Araujo, que me recebera em seu colégio como aluno gratuito, me convidou para assumir umas turmas de Português do então curso ginasial. Me lembro ainda hoje do que significou para mim, entre assustado e feliz, entre temeroso e ousado, dar minha primeira aula.

O gosto que tive naquela manhã de tantos verões passados é o gosto que tenho hoje nas aulas primeiras que continuo dando, às vezes temeroso também.

Li muito naquela fase. Varei noites com as obras de Ernesto Carneiro Ribeiro, com as de Rui Barbosa. Estudei gramáticos portugueses, gramáticos brasileiros. Me experimentei em estudos de linguística e recusei sempre me perder em gramatiquices. Dei aula de gramática propondo aos alunos a leitura de Gilberto Freyre, de Graciliano Ramos, de Machado de Assis, de Lins do Rego, de Manuel Bandeira, de Drummond de Andrade. O que buscava incansavelmente era a boniteza na linguagem, oral ou escrita. Foi Vossler,[18] quem primeiro me chamou a atenção para o problema do *momento estético* da linguagem. Entre um *ela vinha aproximando-se* e *ela vinha se aproximando*, jamais tive dúvida. Fiquei sempre com a segunda hipótese.

---

18. Karl Vossler. *Filosofía del Lenguaje.* Buenos Aires: Losada, 1963.

Foram desses tempos as primeiras tentativas no sentido de desafiar ou de estimular, de instigar os alunos, adolescentes dos primeiros anos do então chamado curso ginasial, a que se dessem à prática do desenvolvimento de sua linguagem — a oral e a escrita. Prática impossível, quase, de ser vivida plenamente se a ela falta a busca do momento estético da linguagem, a boniteza da expressão, coincidente com a regra gramatical ou não. Busca da boniteza da expressão a que se junte a preocupação com a clareza do discurso, com a precisão rigorosa do pensamento e com o respeito à verdade. Estética e ética se dão as mãos.

Um tempo intensamente vivido por minha experiência docente àquela época era o que dedicava à discussão com os alunos de seus textos. Discussão coletiva de que participavam com vivo interesse, em torno de frases, de retalhos de seus trabalhos, que eu selecionava e na análise dos quais se abria todo um horizonte temático. Horizonte que ia da colocação pronominal que envolve questões estéticas, ao uso da crase; da sintaxe do verbo Haver ao emprego do infinito pessoal.

Era analisando com os alunos seus trabalhos concretos, sua experiência de redação, que eu ia, com indiscutível facilidade, pondo sobre a mesa questões de sintaxe cujo estudo era previsto, na programação dos conteúdos, para um ano ou dois mais adiante. A sintaxe emergia esclarecedora da fala viva dos autores dos textos. Não era transplantada das páginas frias de uma gramática. Da mesma forma como a procura da boniteza do discurso se dava com o bom gosto sendo provado na experiência concreta que os alunos faziam com sua linguagem, na comparação que eu estabelecia muitas vezes entre a frase de um dos jovens autores e a de um Gilberto Freyre ou de um Lins do Rego ou de um Graciliano Ramos.

Uma das consequências óbvias de uma prática assim era o gosto com que os alunos se entregavam à escrita e à leitura. O gosto e a segurança.

O estudo da gramática deixou de ser um desgosto, um obstáculo à convivência com os professores da linguagem. Em lugar de termos nela a prisão da criatividade, do risco, o espantalho à aventura intelectual, passamos a ter nela uma ferramenta a serviço de nossa expressão. Os estudos gramaticais deixaram de ser um instrumento repressivo com que a cultura dominante inibe os intelectuais populares e passaram a ser vistos como algo necessário, incorporado à própria dinâmica da linguagem. Por isso mesmo tais estudos só se justificam na medida em que nos ajudam a libertar a nossa criatividade e não enquanto impedidores dela.

Sem negar a gramática, é preciso realmente superar a sua compreensão *colonial* segundo a qual ela é uma espécie de *cabo de eito* de nossa atividade intelectual.

Na infância e na adolescência havia tido, entre outras, duas experiências com professoras que me desafiavam a entender as coisas em lugar de me fazer memorizar mecanicamente pedaços ou retalhos de pensamento.

Eunice Vasconcelos, no Recife, com quem aprendi muito criativamente a formar sentenças e Cecília Brandão, em Jaboatão, que me introduziu, na adolescência, a uma compreensão não *gramaticoide* da gramática.

A maneira sempre aberta como me experimentei em casa, com direito posto em prática, de perguntar, de discordar, de criticar, não pode ser desprezada na compreensão de como venho sendo professor. De como, desde os começos de minha indecisa prática docente, eu já me inclinava, convicto, ao diálogo, ao respeito ao aluno. Minha prática dialógica com meus pais me preparara para continuar a vivê-la com meus alunos.

Como desconhecer a importância de minhas primeiras leituras de Gilberto Freyre para a minha maneira de entender a atividade docente e não apenas para a minha preocupação com a elegância da forma?

O estilo arredondado de Gilberto, sem esquinas arestosas, aconchegante, não apenas *dá boas-vindas* ao leitor e à leitora mas os convida a continuar com ele.

Seu estilo me predispôs a ter uma concepção plástica de minha prática docente. A entender minha atividade docente como um ato dialógico, aberto e, tanto quanto eu pudesse, bonito.

Na verdade, não *nasci marcado para ser* um professor a esta maneira, mas me tornei assim na experiência de minha infância, de minha adolescência, de minha juventude.

Outro instante, que durou dez anos, de grande importância para a minha formação permanente de educador, foi o de minha passagem pelo Serviço Social da Indústria, SESI, Departamento Regional de Pernambuco.[19]

---

19. Ver Paulo Freire. *Pedagogia da esperança*. Rio de Janeiro: Paz e Terra, 1992, e Ana Maria Freire, no mesmo livro, p. 211, nota n° 5.

Quando hoje penso nos projetos em que me envolvi à frente da Divisão de Educação e, posteriormente, na Superintendência Geral do órgão, percebo o quanto aprendi. Percebo o quanto me foi fundamental naquela época e continua sendo hoje o exercício a que me entregava e me entrego de pensar a prática para melhor praticar.

Não temo afirmar que aqueles dez anos já distantes e o que neles pude fazer, sempre com outras gentes, foram uma fonte para o desenvolvimento de grande parte das coisas que venho realizando. Não há dúvida, porém, de que, para que a prática a que me dava se aprimorasse, era preciso que a submetesse sempre à análise crítica de que resultasse a retificação ou a ratificação da mesma. A prática precisa da teoria como a teoria precisa da prática.

"Educação e atualidade brasileira", tese com que, obtendo o segundo lugar num concurso na então Universidade do Recife, me tornei livre-docente e doutor, foi uma expressão teórica daquele momento. "Educação e atualidade brasileira" anunciava *Educação como prática da liberdade* bem como a própria *Pedagogia do oprimido,* este, na verdade, um livro mais crítico e mais radical.[20]

Posso afirmar que as práticas vividas ao longo daqueles dez anos reforçaram intuições que me tomavam desde a juventude e que viriam sendo confirmadas ao longo de minha experiência profissional. Uma delas: você só trabalha realmente em favor das classes populares se você trabalha *com* elas, discutindo com respeito seus sonhos, seus desejos, suas frustrações, seus medos, suas alegrias.

---
20. Ver novamente Paulo Freire. *Pedagogia da esperança,* 1992.

Isto não significa que o educador-político ou político-educador se acomode ao nível de maior ou menor ingenuidade das classes populares, em dado momento. Isto significa não ser possível esquecer, subestimar, negar as aspirações das classes populares, se a nossa é uma opção progressista.

Neste sentido é que trabalham em favor da reação tanto o intelectual que, dizendo-se progressista, menospreza o saber popular, quanto o que, dizendo-se igualmente progressista, fica, porém, girando em torno do saber popular, sem buscar superá-lo.

A serviço também da reação se acha o intelectual ou a intelectual para quem os conteúdos possuem uma força especial, um poder quase mágico — uma espécie de "Complexo B". Cabe ao professor ministrá-los e ao aluno engoli-los. Puro engano!

Faz parte da importância dos conteúdos a qualidade crítico-epistemológica da posição do educando em face deles. Em outras palavras: por mais fundamentais que sejam os conteúdos, a sua importância efetiva não reside apenas neles, mas na maneira como sejam apreendidos pelos educandos e incorporados à sua prática. Ensinar conteúdos, por isso, é algo mais sério e complexo do que fazer discursos sobre seu perfil.

As pesquisas, os estudos teóricos que fiz, com efetiva colaboração de Elza, minha primeira mulher, naqueles dez anos, viabilizaram o que veio a se chamar método Paulo Freire. No fundo, muito mais uma compreensão dialética da educação do que um método de alfabetização. Compreensão dialética da educação vivamente preocupada com o processo de conhecer em que educadores e educandos devem assumir o papel crítico de sujeitos cognoscentes.

Minha presença no Movimento de Cultura Popular do Recife, de cuja equipe fundadora faço parte e que teve no Prof. Germano Coelho o maior e o mais inquieto pensador bem como minha passagem como professor à frente do então Serviço de Extensão Cultural da Universidade do Recife têm que ver com a formação que a prática vivida no SESI me ofereceu, submetida, como foi, a uma rigorosa reflexão teórica.

Foi desse universo de práticas que vim, em junho de 1963, para Brasília, a convite de Paulo de Tarso, então ministro da Educação, para coordenar o Programa Nacional de Alfabetização, extinto pelo golpe de primeiro de abril de 1964.

A partir daí, serão quase 16 anos de vida longe do Brasil, mas de vigorosa importância na minha caminhada profissional.

Em primeiro lugar é preciso dizer que não foi fácil educar a saudade do Brasil. Não foi fácil pôr limites a ela, sem os quais viraria nostalgia e tornaria a vida mais difícil de ser vivida. E foi exatamente na medida em que aprendemos a conviver com a falta do Brasil que o tempo do exílio, assumido, se fez um tempo de produção.

Centrado, primeiro, no Chile, depois em Cambridge, onde fui professor em Harvard e, finalmente na Suíça, em Genebra, percorri o mundo. Meus livros, sobretudo a *Pedagogia do oprimido,* começaram a ser traduzidos para várias línguas, o que aumentava o número dos convites que foram me tornando um andarilho.

As experiências de que participei na África, na Ásia, na Europa, na América Latina, no Caribe, nos Estados Unidos, no México, no Canadá, discutindo com educadores nacionais problemas fundamentais de seus subsistemas educacionais; minha participação em cursos e seminários em universidades norte-americanas, latino-americanas, africanas, europeias, asiáticas; meus encontros com lideranças de movimentos de libertação na África, na América Latina, tudo isso está guardado em minha memória não como algo do passado, que se recorda com saudade. Tudo isso, pelo contrário, está bem vivo e bem atual.[21] E quando sobre tudo isso penso, algo me faz crer que uma das marcas mais visíveis de minha trajetória profissional é o empenho a que me entrego de procurar sempre a unidade entre a prática e a teoria. É neste sentido que meus livros, bem ou mal, são relatórios teóricos de *quefazeres* com que me envolvi.

Não nasci, porém, *marcado para ser* um professor assim. Vim me tornando desta forma no corpo das tramas, na reflexão sobre a ação, na observação atenta a outras práticas ou à prática de outros sujeitos, na leitura persistente, crítica, de textos teóricos, não importa se com eles estava de acordo ou não. É impossível ensaiarmos estar sendo deste modo sem uma abertura crítica aos diferentes e às diferenças, com quem e com que é sempre provável aprender.

Uma das condições necessárias para que nos tornemos um intelectual que não teme a mudança é a percepção e a

---

21. Na *Pedagogia da esperança* me estendo na análise destes e de outros momentos de minha experiência de educador.

aceitação de que não há vida na imobilidade. De que não há progresso na estagnação. De que, se sou, na verdade, social e politicamente responsável, não posso me acomodar às estruturas injustas da sociedade. Não posso, traindo a vida, bendizê-las.

Ninguém nasce feito. Vamos nos fazendo aos poucos na prática social de que tomamos parte.

Paulo Freire

EDUCAÇÃO E RESPONSABILIDADE

Me perguntaram recentemente, num desses muitos encontros de que participo no Brasil e fora dele, como eu via as relações entre educação e responsabilidade.

Em primeiro lugar, qualquer que seja a prática de que participemos, a de médico, a de engenheiro, a de torneiro, a de professor, não importa de quê, a de alfaiate, a de eletricista, exige de nós que a exerçamos com responsabilidade. Ser responsável no desenvolvimento de uma prática qualquer implica, de um lado, o cumprimento de deveres, de outro, o exercício de direitos.

O direito de ser tratados com dignidade pela organização para a qual trabalhamos, de ser respeitados como gente. O direito a uma remuneração decente. O direito de ter, finalmente, reconhecidos e respeitados todos os direitos que nos são assegurados pela lei e pela convivência humana e social.

O respeito a estes direitos é dever daqueles que têm o comando em diferentes níveis de poder, sobre a atividade de que fazemos parte. Sua responsabilidade exige deles ou delas que cumpramos os nossos deveres. O desrespeito aos direitos e o não cumprimento de deveres entre nós é de tal modo generalizado e afrontoso que o clima que nos caracteriza é o da irresponsabilidade. Irresponsabilidade de Presidentes, de Ministros, de Eclesiásticos, de Diretores, de Magistrados, de Legisladores, de Comandantes, de Fiscais, de Operários. A impunidade é a regra. Aplaude-se o espertalhão que rouba um milhão. Pune-se, porém, o miserável que rouba um pão.

Obviamente, a superação de tais descalabros não está nos discursos e nas propostas moralistas, mas num clima de rigorosidade ética a ser criado com necessárias e urgentes transformações sociais e políticas. Transformações que, por sua vez, vão viabilizando cada vez mais a posta em prática de uma educação voltada para a responsabilidade. Voltada, por isso mesmo, para a libertação das injustiças e discriminações de classe, de sexo e de raça.

Assevero ingênua ou astuta a dicotomia entre educação para a libertação e educação para a responsabilidade. Desta forma, a educação para a responsabilidade seria a negação da educação para a libertação, vista então como prática irresponsável.

Esta é uma apreciação incorreta. Não há educação para a libertação, cujos sujeitos atuem coerentemente, que não seja imbuída de forte senso de responsabilidade. O antagonismo não se dá entre a prática educativa para a libertação e a prática educativa para a responsabilidade. O antagonismo se verifica entre a prática educativa, libertadora, rigorosamente responsável e a autoritária, antidemocrática, domesticadora.

Isto não significa, porém, que a educação autoritária, domesticadora, seja irresponsável. Ela é também responsável, mas a sua é uma responsabilidade em relação aos interesses dos grupos e das classes dominantes, enquanto a responsabilidade na prática educativa libertadora está em relação com a natureza humana fazendo-se e refazendo-se na História. Está em relação com a vocação ontológica dos seres humanos para a humanização que os insere na luta permanente no sentido de superar a possibilidade, histórica também, da desumanização, como distorção daquela vocação.[22] Há uma qualidade diferente nas duas formas de ser responsáveis, de entender e assumir a responsabilidade. Em outras palavras, a responsabilidade na prática educativa domesticadora exige de seus agentes competência científica e astúcia política tanto quanto educadoras e educadores progressistas necessitam de conhecer o que e como fazer ao lado da perspicácia política.

Os primeiros, porém, a serviço dos interesses de quem domina. Os segundos, em nome do sonho ou da utopia de *ser mais* de mulheres e de homens.

É possível, contudo, que educadoras e educadores, autoritários e progressistas, atuem irresponsavelmente. É possível que não se preparem para ser eficazes, cada um a seu modo; é possível que não sejam coerentes. Aí, a irresponsabilidade está nos sujeitos da prática, não na natureza mesma da prática.

O que me parece imperioso reconhecer é que a responsabilidade que a prática educativa progressista, libertadora, exige de seus sujeitos tem uma eticidade que falta à responsabilidade da prática educativa autoritária, dominadora. Até mesmo da prática autoritária chamada de esquerda

---

22. A este propósito, ver Paulo Freire: a) *Pedagogia do oprimido*, 1975; b) *Pedagogia da esperança*, 1992.

que, em nome da justiça social, reduz as classes trabalhadoras a puros objetos de sua ação "salvadora".

É que a ética ou a qualidade ética da prática educativa libertadora vem das entranhas mesmas do fenômeno humano, da *natureza* humana constituindo-se na História, como *vocação* para o *ser mais*. Trabalhar contra esta vocação é trair a razão de ser de nossa *presença no* mundo, que terminamos por alongar em *presença com* o mundo. A exploração e a dominação dos seres humanos, como indivíduos e como classes, negados no seu direito de *estar sendo*, é imoralidade das mais gritantes.

Como tentar explicar a miséria, a dor, a fome, a ignorância, a enfermidade crônica, dizendo, cinicamente, que o mundo é assim mesmo; que uns trabalham mais, com competência, por isso têm mais e que é preciso ser pacientes pois um dia as coisas mudam.

Há uma imoralidade radical na dominação, na negação do ser humano, na violência sobre ele, que contagia qualquer prática restritiva de sua plenitude e a torna imoral também.

Imoral é a dominação econômica, imoral é a dominação sexual, imoral é o racismo, imoral é a violência dos mais fortes sobre os mais fracos. Imoral é o mando das classes dominantes de uma sociedade sobre a totalidade de outra, que deles se torna puro objeto, com sua maior ou menor dose de conivência.

A educação para a libertação, responsável em face da radicalidade do ser humano, tem como imperativo ético a desocultação da verdade. Ético e político.

O educador progressista não pode aceitar nenhuma explicação determinista da História. O amanhã para o educador progressista não é algo inexorável. Tem de ser feito pela ação consciente das mulheres e dos homens enquanto indivíduos e enquanto classes sociais. A libertação não virá porque a ciência preestabeleceu que ela virá. A libertação se dá na História e se realiza como processo em que a consciência das mulheres e dos homens é um *sine qua*. Neste sentido, a natureza ética desta luta política tem tal importância que não pode ser menosprezada o mais mínimo que seja. É tão ingênuo pretender a superação das situações concretas de dominação através de puros discursos moralistas quanto é estreito e mecanicista, distorção científica, negar o caráter ético desta luta. Caráter que não apenas não pode e não deve ser negado mas, pelo contrário, que fundamenta a própria luta. Não terá sido por outra razão que Marx afirmou: "Hay que hacer la opresión real todavía más opresiva añadiendo a aquella la conciencia de la opresión haciendo la infamia todavía, más infamente, al pregonarla."[23]

A frase de Marx não teria sentido se opressão e libertação fossem meras ocorrências mecânicas, determinadas pela História. Se os seres humanos não se tivessem tornado capazes de conhecer como conhecem, de falar como falam, de atuar como atuam. Se não se tivessem tornado capazes de prever, de programar, de avaliar, de comparar, de decidir, de ajuizar. A frase não teria sentido se, com ela, pretendêssemos instigar, desafiar os jacarés do Pantanal, em extinção, objetos de ganância horrorosa

---

23. Marx e Engels. *La Sagrada Familia y otros escritos*. Mexico: Editorial Grijalbo, 1962, p. 6.

de gente perversa. A frase tem sentido porque os seres humanos, programados, não são porém determinados e se tornaram capazes de decidir ao lado da possibilidade de apenas *seguir*.

Se as lideranças revolucionárias fossem constituídas de indivíduos demasiado especiais, superiores aos condicionamentos, absolutamente conscientizados, imunes à força das ideologias, cuja tarefa fosse conduzir as classes populares ao destino certo, já sabido pelas lideranças, independentemente do saber das massas, dos seus sonhos e desejos, de sua fraqueza, a frase de Marx não teria sentido também. Não haveria por que fazer "a infâmia ainda mais infamante ao pregoá-la". A frase tem sentido porque, reconhecendo o estado de objetos em que se acham as massas populares na situação concreta de opressão, reconhece também a possibilidade que elas têm de, mobilizando-se e organizando-se na luta contra a espoliação, se tornar *sujeitos* da transformação política da sociedade.

A frase tem sentido porque reconhece a tensão em que existem os seres humanos entre *ser* e *não ser,* entre estar sendo diminuídos como objetos e estar autenticando-se como sujeitos.

A consciência do mundo, que me possibilita apreender a realidade objetiva, se alonga em consciência moral do mundo, com que valoro ou desvaloro as práticas realizadas no mundo contra a vocação ontológica dos seres humanos ou em seu favor.

Encarnada ou vivida por educadores ou educadoras progressistas, coerentes, a educação como prática da liberdade é um *quefazer* necessariamente responsável.

O educador progressista é leal à radical vocação do ser humano para a autonomia e se entrega aberto e crítico à compreensão da importância da posição de classe, de sexo e de raça para a luta de libertação.

Não reduz uma posição à outra. Não nega o peso da classe nem da cor da pele nem tampouco do sexo na luta. O educador progressista entende que qualquer reducionismo de classe, de sexo, de raça, distorce o sentido da luta, pior ainda, reforçando o poder dominador, enfraquece o combate. Por isso mesmo a sua é a defesa em favor da *invenção* da *unidade* na *diversidade*.

É óbvio, pois, que o educador autoritário, a serviço não da radicalidade ontológica dos seres humanos, mas dos interesses da classe dominante, mesmo quando se pensando e dizendo em favor das classes populares, trabalha no sentido da *divisão* e não no da *unidade* na *diversidade*. Para o educador autoritário é fundamental que a maioria de dominados não se reconheça como maioria mas se dilua em minorias enfraquecidas.

Por mais que, nesta ou naquela sociedade, por motivos históricos, sociais, culturais, econômicos seja visivelmente sublinhada a importância da raça, da classe, do sexo, na luta de libertação, é preciso que evitemos cair na tentação de reduzir a luta inteira a um desses aspectos fundamentais.

O sexo só não explica tudo. A raça só, tampouco. A classe só, igualmente.

O líder operário, audaz e empreendedor, aguerrido na luta de libertação, mas que trata sua companheira como objeto é tão incoerente quanto a líder feminista branca que menospreza a camponesa negra e tão incoerente quanto o intelectual progressista que, falando *a* operários, não se esforça para falar *com* eles.

Estas incoerências, no meu caso pessoal, me levam a lutar mais. A denunciá-las, a combatê-las no sentido de superá-las, jamais à desesperança em que quedaria mudo e sem amanhã.

Estas incoerências me levam a entender melhor a natureza do ser humano, constituindo-se na História não como um *a priori* da História. A sua finitude, a sua inconclusão, a sua possibilidade de ser e de não ser, de amar e de odiar, de oprimir e de libertar-se.

Paulo Freire
São Paulo, novembro de 1992.

Escola pública e educação popular

Este enunciado propõe uma reflexão em torno da relação entre *educação pública* e *educação popular*.

Não propõe um pensar sobre a *educação pública* em si mesma nem tampouco sobre a *popular*, isoladamente, mas sobre cada uma em relação com a outra.

No fundo, o enunciado implicita uma indagação que possivelmente se poderia explicitar assim: É possível fazer educação popular na rede pública? Ou, pelo contrário, já agora afirmando: a educação popular se pode realizar apenas no espaço da informalidade, na prática político-pedagógica fora da escola, no interior dos movimentos populares.

O meu ponto de partida para responder a estas indagações é a compreensão crítica da prática educativa sobre que mais uma vez falarei um pouco.

Não há prática educativa, como de resto nenhuma prática, que escape a limites. Limites ideológicos, epistemológicos, políticos, econômicos, culturais.

Creio que a melhor afirmação para definir o alcance da prática educativa em face dos limites a que se submete é a seguinte: *não podendo tudo, a prática educativa pode alguma coisa*.

Esta afirmação recusa, de um lado, o otimismo ingênuo que tem na educação a chave das transformações sociais, a solução para todos os problemas; de outro, o pessimismo igualmente acrítico e mecanicista de acordo com o qual a educação, enquanto supraestrutura, só pode algo depois das transformações infraestruturais.

O esgotamento destas ingenuidades, ambas antidialéticas, terminaria por colocar a sua superação: nem a negação pura da educação, subordinada sempre à infraestrutura produtiva nem tampouco o seu todo-poderosismo.

A visão mecanicista da História que guarda em si a certeza de que o futuro é inexorável, de que o futuro vem como está dito que ele virá, nega qualquer poder à educação antes da transformação das condições materiais da sociedade. Da mesma forma como nega qualquer importância maior à subjetividade na História.

A superação da compreensão mecanicista da História, por outra que, percebendo de forma dialética as relações entre consciência e mundo, implica necessariamente uma nova maneira de entender a História. A História como possibilidade. Esta inteligência da História, que descarta um futuro predeterminado, não nega, porém, o papel dos fatores *condicionantes* a que estamos mulheres e homens submetidos. Ao recusar a História como jogo de destinos certos, como *dado dado,* ao opor-se ao futuro como algo inexorável, a História como possibilidade reconhece a importância da decisão como ato que implica ruptura, a importância da consciência e da subjetividade, da intervenção crítica dos seres humanos na reconstrução do mundo. Reconhece o papel da consciência construindo-se na práxis; da inteligência sendo inventada e reinventada no processo e não como algo imóvel em mim, separado quase, de meu corpo. Reconhece o meu corpo como *corpo consciente* que pode mover-se criticamente no mundo como pode "perder" o endereço histórico. Reconhece minha individualidade que nem se dilui, amorfa, no social nem tampouco cresce e vinga fora dele. Reconhece, finalmente, o papel da educação e de seus limites.

Nenhuma das duas maneiras de entender a educação, na compreensão da História, seria capaz de responder à questão colocada. Nem a do otimismo ingênuo, de natureza idealista, nem a do pessimismo imobilizante. Antidialéticas as duas, jamais puderam responder à questão. Somente na compreensão dialética das relações corpo-consciente-mundo, quer dizer, no entendimento da História como possibilidade, é possível compreender o problema.

Um dos equívocos dos que se exageraram no reconhecimento do papel da educação como reprodutora da ideologia dominante foi não ter percebido, envolvidos que ficaram pela explicação mecanicista da História, que a subjetividade joga um papel importante na luta histórica. Foi não ter reconhecido que, seres condicionados, "programados para aprender", não somos, porém, determinados. É exatamente por isso que, ao lado da tarefa *reprodutora* que tem, indiscutivelmente, a educação, há uma outra, a de contradizer aquela. Aos progressistas é esta a tarefa que nos cabe e não fatalisticamente cruzar os braços.

Se a reprodução da ideologia dominante implica, fundamentalmente, a ocultação de verdades, a distorção da razão de ser de fatos que, explicados, revelados ou desvelados, trabalhariam contra os interesses dominantes, a tarefa das educadoras e dos educadores progressistas é desocultar verdades, jamais mentir. A *desocultação* não é de fato tarefa para os educadores a serviço do sistema.

Evidentemente, numa sociedade de classes como a nossa, é muito mais difícil trabalhar em favor da *desocultação*, que é um nadar contra a correnteza, do que trabalhar *ocultando*, que é um nadar a favor da correnteza. É difícil, mas possível.

Seria uma ingenuidade pensar que o poder de classe, de classe dominante, assistisse indiferente, e até estimulando, ao esforço desvelador realizado por educadoras e educadores progressistas no exercício de sua prática docente. Que, aproveitando, por exemplo, a realização de uma greve de metalúrgicos, discutissem com os educandos direitos e deveres dos trabalhadores, entre eles, o de greve, com o qual podem pressionar os patrões a atender a suas legítimas reivindicações. E não importa que, na análise deste direito, fossem críticas às distorções corporativistas e aos excessos sectários que prejudicam a própria luta dos trabalhadores. Ou que, debatendo problemas em torno da defesa do meio ambiente, de fundamental repercussão na vida da comunidade, criticassem o descaso a que se relegam as áreas populares da cidade, de modo geral sem praças, sem jardins, sem verde. Ou ainda, falando aos educandos sobre as tarefas específicas do executivo, do legislativo e do judiciário, da interdependência destes poderes, falassem de uma das obrigações do executivo, a de produzir o orçamento, previsão dos gastos públicos, a ser aprovado pelo legislativo e sublinhassem a sua natureza política e não apenas técnica. Deixassem claro que a leitura acurada da peça orçamentária revela as opções político-ideológicas dos que se acham no Poder. As diferenças às vezes astronômicas entre os gastos públicos nas áreas já embelezadas e bem instrumentadas da cidade e os parcos recursos previstos para as zonas periféricas e faveladas da cidade. Seria de fato uma ingenuidade pensar que estas coisas pudessem ser facilmente feitas e aplaudidas numa administração autoritária e direitista.

Até mesmo aos autoritários de esquerda lhes parece este um procedimento indesejável porque, segundo eles, se estaria "roubando" precioso tempo que devia ser dedicado à *inculcação* dos conteúdos salvadores. Seria igualmente impensável, por outro lado, que professores progressistas começassem a movimentar suas companheiras e companheiros, seus alunos, zeladores, cozinheiras, vigias, numa administração reacionária, autoritária, no sentido de não apenas protestar contra o arbítrio e o poderosismo da própria administração, mas de instaurar um regime de gestão democrática. E que o fizessem sem nenhuma reação imediata do poder.

O fato, porém, de estas práticas e outras de natureza semelhante, não poderem ser abertas, plenas e livremente realizadas não significa que a impossibilidade seja absoluta. Cabe a educadoras e a educadores progressistas, armados de clareza e decisão política, de coerência, de competência pedagógica e científica, da necessária sabedoria que percebe as relações entre táticas e estratégias não se deixarem intimidar.

Cabe a eles e a elas *transar* seu medo e criar com ele a coragem com a qual confrontem o abuso do poder dos dominantes. Cabe a eles e a elas, finalmente, realizar o possível de hoje para que concretizem, amanhã, o impossível de hoje. Cabe a elas e a eles, finalmente, fundados nestes saberes, fazer *educação popular*, no corpo de uma rede sob o comando autoritário antagônico. Roma não se fez num dia e a nossa expectativa de vida não corresponde à expectativa da vida da nação.

Isto significa reconhecer a capacidade humana de decidir, de optar, submetida embora a condicionamentos, que não permitem a sua absolutização. Significa ir mais além de uma explicação mecanicista da História. Significa assumir uma posição criticamente otimista que recusa, de um lado, os otimismos ingênuos, de outro, os pessimismos fatalistas. Significa a inteligência da História como possibilidade, em que a responsabilidade individual e social dos seres humanos, "programados para aprender" mas não determinados, os configura como *sujeitos* e não só como *objetos*.

Nesta altura da reflexão, me parece importante deixar claro que a *educação popular* cuja posta em prática, em termos amplos, profundos e radicais, numa sociedade de classe, se constitui como um *nadar contra a correnteza* é exatamente a que, substantivamente democrática, jamais separa do ensino dos conteúdos o desvelamento da realidade. É a que estimula a presença organizada das classes sociais populares na luta em favor da transformação democrática da sociedade, no sentido da superação das injustiças sociais. É a que respeita os educandos, não importa qual seja sua posição de classe e, por isso mesmo, leva em consideração, seriamente, o seu saber de experiência feito, a partir do qual trabalha o conhecimento com rigor de aproximação aos objetos. É o que trabalha, incansavelmente, a boa qualidade do ensino, a que se esforça em intensificar os índices de aprovação através de rigoroso trabalho docente e não com *frouxidão assistencialista,* é a que capacita suas professoras cientificamente à luz dos recentes *achados* em torno da aquisição da linguagem, do ensino da escrita e da leitura. Formação científica e clareza política de que as educadoras e os educadores precisam para superar desvios que, se não são experimentados pela maioria, se acham presentes em minoria significativa. Como, por exemplo, a ilusão de que os índices de reprovação revelam uma certa rigorosidade necessária ao educador; como, por exemplo, vaticinar nos primeiros dias de aula, que estes ou aqueles alunos serão reprovados, como se os professores devessem ser *videntes* também.

É a que, em lugar de negar a importância da presença dos pais, da comunidade, dos movimentos populares na escola, se aproxima dessas forças com as quais aprende para a elas poder ensinar também.

É a que entende a escola como um centro aberto à comunidade e não como um espaço fechado, trancado a sete chaves, objeto de possessivismo da diretora ou do diretor, que gostariam de ter *sua escola* virgem da presença ameaçadora de estranhos.

É a que supera os preconceitos de raça, de classe, de sexo e se radicaliza na defesa da substantividade democrática. Por isso mesmo se bate por uma crescente democratização nas relações que se travam na escola e das que se estabelecem entre a escola e o mundo fora dela. É a que não considera suficiente mudar apenas as relações entre educadora e educandos, amaciando essas relações, mas, ao criticar e tentar ir além das tradições autoritárias *da escola velha*, critica também a natureza autoritária e exploradora do capitalismo. E ao realizar-se assim, como prática eminentemente política, tão política quanto a que *oculta*, nem por isso transforma a escola onde se processa em sindicato ou partido. É que os conflitos sociais, o jogo de interesses, as contradições que se dão no corpo da sociedade se refletem necessariamente no espaço das escolas. E não podia deixar de ser assim. As escolas e a prática educativa que nelas se dá não poderiam estar imunes ao que se passa nas ruas do mundo.

Do ponto de vista, porém, dos interesses dominantes, é fundamental defender uma prática educativa neutra, que se contente com o puro ensino, se é que isto existe, ou com a pura transmissão asséptica de conteúdos, como se fosse possível, por exemplo, falar da "inchação" dos centros urbanos brasileiros sem discutir a reforma agrária e a oposição a ela feita pelas forças retrógradas do país. Como se fosse possível ensinar não importa o quê, lavando as mãos, indiferentemente, diante do quadro de miséria e de aflição a que se acha submetida a maioria de nossa população.

A educação popular a que me refiro é a que reconhece a presença das classes populares como um *sine qua* para a prática realmente democrática da escola pública progressista na medida em que possibilita o necessário aprendizado daquela prática. Neste aspecto, mais uma vez, centralmente se contradiz antagonicamente com as concepções ideológico-autoritárias de direita e de esquerda que, por motivos diferentes, recusam aquela participação.

Do ponto de vista da direita, porque daquela participação pode resultar um conhecimento crítico maior das condições de injustiça forjadas e mantidas pela sociedade capitalista; do ponto de vista de certa esquerda autoritária porque, para sua liderança, que se pensa constituída por seres *"sui generis"*, superiores aos condicionamentos ideológicos e aos mecanismos de dominação, as classes populares precisam apenas de aprender a *seguir* sua palavra de ordem. É neste sentido, aliás, que a esquerda autoritária é mais elitista do que a direita. Esta recusa à presença das classes populares numa prática educativa desocultadora precisamente porque teme que elas se tornem mais críticas e, assim, aceitem seu engajamento no processo de mobilização e organização para a mudança progressivamente radical da sociedade. A esquerda autoritária, ao contrário, minimizando o trabalho pedagogicamente crítico, como algo de gosto *idealista, populista* e às vezes até *espontaneísta,* revela o seu descrédito na capacidade popular de conhecer a razão de ser dos fatos. Acredita, ao contrário, no poder da *propaganda ideológica,* na força dos slogans. Ao fazê-lo, porém, afirma sua capacidade de saber e promove a sua *verdade* à *verdade única,* forjada fora do corpo *"incoerente"* do senso comum. Qualquer concessão a este saber significa resvalar para o populismo antirrigoroso. Por isso mesmo, o autoritarismo de esquerda vira messiânico. Sua verdade forjada fora da experiência popular e independente dela, deve mover-se de seu sítio próprio e caminhar até o *corpo* das classes populares "incultas" para efetuar sua "salvação". As classes populares, assim, não têm por que ser chamadas ao diálogo para o qual são, *por natureza,* incompetentes. Têm apenas que ouvir e docilmente seguir as *palavras de ordem* dos técnica e cientificamente competentes.

Estes, na arrogância de seu autoritarismo, na cegueira de seu cientificismo ou na insensibilidade de seu sectarismo, não percebem que ninguém nasce feito, que ninguém nasce marcado para ser isto ou aquilo. Pelo contrário, nos tornamos isso ou aquilo. "Somos programados, mas, para aprender." A nossa inteligência se inventa e se promove no exercício social de nosso *corpo consciente*. Se constrói. Não é um dado que, em nós, seja um *a priori* da nossa história individual e social.

O autoritarismo de direita é menos elitista do que o de esquerda porque acredita em ou teme que as classes populares podem mudar a qualidade, de menos crítica para mais crítica, de sua capacidade de inteligir o mundo. De saber o mundo. De mudar o mundo. No fundo, o autoritarismo de direita acredita muito mais na prática educativa do que o de esquerda ou de certa esquerda. Daí que a direita reprima sempre mais duramente aqui, menos ali, projetos e programas de educação progressista reconhecidos por ela como ameaçadores da "democracia", a sua democracia. E certa esquerda considere as e os educadores progressistas como meros "gerenciadores da crise capitalista" ou como idealistas teimosos e renitentes.

É por isso que, numa perspectiva direitista, a administração de nenhuma rede de ensino público como de nenhuma escola privada aceita arriscar-se em aventuras que se enquadrem na linha de uma educação popular nos termos aqui definida. Não há, por exemplo, como esperar, em tais circunstâncias, uma gestão democrática da escola a não ser no discurso que contradiz a prática. Ou no discurso que explicita uma compreensão *"sui generis"* de democracia — uma democracia sem povo ou uma escola democrática em que, porém, só diretor(a) manda, por isso só ele(a) tem voz.

De modo geral, do ponto de vista da direita, a gestão é democrática na medida em que o professor ensine, o aluno estude, o zelador use bem suas mãos, a cozinheiro faça a comida e o diretor ordene. O que não significa, na perspectiva progressista, não dever o professor ensinar, o aluno estudar, o zelador não usar suas mãos, a cozinheira não cozinhar e o diretor não dirigir. Significa, na perspectiva progressista, deverem ser respeitadas e dignificadas estas tarefas, importantes todas, para o avanço da escola. Sem fugir à responsabilidade de intervir, de dirigir, de coordenar, de estabelecer limites, o diretor não é, porém, na prática realmente democrática, o proprietário da vontade dos demais. Sozinho, ele não é a escola. Sua palavra não deve ser a única a ser ouvida.

Há ainda um outro aspecto no debate deste tema que merece ser considerado. O da possibilidade de alternância de governo que a democracia oferece. A um governo direitista, autoritário, defensor ostensivo dos interesses das classes dominantes pode suceder um governo de corte popular. Um governo de gosto democrático.

Foi exatamente isso o que ocorreu quando Luiza Erundina se elegeu prefeita da cidade de São Paulo.

Uma das primeiras providências a serem tomadas, sem ferir o espírito da lei, foi reorientar as opções embutidas no orçamento realizado pelo governo a que sucedíamos. Opções obviamente em que pouco havia que dissesse respeito a interesses diretos das classes populares.

Enquanto sofríamos um déficit escolar elevado a 60% das unidades da rede escolar em estado precário o orçamento que recebemos previa cifras astronômicas para o que se chama grandes obras. Viadutos, túneis majestosos, ligando um bairro a outro, jardins etc. Não que os viadutos, os túneis, os jardins, os parques não sejam necessários. Não é da necessariedade que falo, mas da prioridade das necessidades. E é aí que se contradizem as opções. É que há prioridades para as classes dominantes e prioridades para as classes dominadas. Os viadutos eram prioritários, mas, para servir às classes abastadas e felizes, com repercussão adjetiva também entre as classes populares. As escolas eram prioritárias para as classes populares, com repercussão adverbial para as classes ricas. Do ponto de vista, contudo, do interesse imediato das classes populares, mais valia ter escolas equipadas e competentes para seus filhos do que viadutos bonitos escoando facilmente o tráfego dos carros dos poderosos. Saliente-se que não estamos negando aos ricos e felizes o direito de desfrutar o prazer de trafegar em seguros viadutos. Estamos defendendo apenas o direito de milhares de crianças estudarem como prioridade ao conforto de quem já o tem em excesso...

Encontramos escolas sem lápis, sem papel, sem giz, sem merenda. Encontramos escolas inauguradas, ostentando até placas com os dizeres de costume, como nome do prefeito, do secretário, do diretor imediato, mas vazias, ocas, sem cadeiras, sem cozinha, sem alunos, sem professoras, sem nada.

O ideal está em quando os problemas populares — a miséria das favelas, dos cortiços, o desemprego, a violência, os déficits da educação, a mortalidade infantil — estejam de tal maneira equacionados que, então, uma administração se possa dar ao luxo de fazer "jardins andarilhos" que mudem semanalmente de bairro a bairro, sem esquecer os populares, fontes luminosas, parques de diversão, computadores em cada ponto estratégico da cidade programados para atender à curiosidade das gentes em torno de onde fica esta ou aquela rua, este ou aquele escritório público, como alcançá-lo etc. Tudo isso é fundamental e importante mas é preciso que as maiorias trabalhem, comam, durmam sob um teto, tenham saúde e se eduquem. É preciso que as maiorias tenham o direito à esperança para que, operando o presente, tenham futuro.

Um sequer direito dos ricos não pode constituir-se em obstáculo ao exercício dos mínimos direitos das maiorias exploradas.

Nenhum direito de que resulta a desumanização das classes populares é moralmente direito. Pode ser até legal mas é uma ofensa ética.

Voltemos a considerar a possibilidade da alternância de poder. Eleito um governo de corte democrático, é possível rever, refazer medidas que aprimorem o processo de democratização da escola pública. É possível o empenho de ir tentando começar ou aprofundar o esforço de, tornando a escola pública menos má, fazê-la popular também. Foi a esse empenho que eu chamei durante o tempo em que fui Secretário da Educação na Administração de Luiza Erundina de "mudança da cara da escola".

Ganhar as eleições da cidade de São Paulo não significava inaugurar no dia seguinte o socialismo no país. Começávamos, porém, a dispor de algo de que antes não dispúnhamos: do governo da cidade.

Apesar dos obstáculos de ordem ideológica, de ordem orçamentária, apesar dos vícios burocráticos "instruídos" pela secular ideologia autoritária, apesar da compreensão e da experiência política de natureza cartorial, da política de favores, tentar a educação popular foi obviamente muito mais fácil a nós do que a professoras e professores progressistas assumirem projetos democráticos numa administração autoritária que reage sempre ao risco democrático e à criatividade como se fosse o diabo em face da cruz.

Daí a necessidade urgente de aprender a lidar com os instrumentos de poder de que dispúnhamos, pondo-os tão sábia e eficazmente a serviço de nosso sonho político quanto possível.

A questão que se nos colocava não era, de um lado, deixar-nos tombar vencidos pela miopia incompetente das críticas mecanicistas que nos viam como puros zeladores da crise capitalista, nem tampouco nos pensarmos figuras extraordinárias, mas gente humilde e séria, capaz de fazer o mínimo que poderia e deveria ser feito. Em História se faz o que se pode e não o que se gostaria de fazer. E uma das grandes tarefas políticas a ser cumprida se acha na perseguição constante de tornar possível amanhã o impossível de hoje somente quando, às vezes, se faz possível viabilizar alguns impossíveis de agora.

Para finalizar, gostaria de sublinhar um equívoco: o de quem considera que a boa *educação popular* hoje é a que, despreocupada com o desvelamento dos fenômenos, com a razão de ser dos fatos, reduz a prática educativa ao ensino puro dos conteúdos, entendido este como o ato de *esparadrapar* a cognoscitividade dos educandos. Este equívoco é tão carente de dialética quanto o seu contrário: o que reduz a prática educativa a puro exercício ideológico.

É típico de certo discurso neoliberal, também às vezes chamado de pós-moderno, mas de uma pós-modernidade reacionária, para a qual, o que importa é o ensino puramente técnico, é a *transmissão* de um conjunto x de conhecimentos necessários às classes populares para a sua sobrevivência. Mais do que uma postura politicamente conservadora, esta é uma posição epistemologicamente insustentável e que ainda fere a natureza mesma do ser humano, "programado para aprender", algo mais sério e profundo do que adestrar-se.

Paulo Freire
São Paulo, dezembro de 1992.

Universidade católica —
Reflexões em torno de suas tarefas

Minhas palavras iniciais em torno do tema que devo tratar são para sublinhar a sua complexidade que torna menos fácil ainda sua discussão.

Creio que podemos perceber a complexidade a que me refiro se pensarmos, por exemplo, nas prováveis respostas que seriam dadas à pergunta: *Quais as tarefas de uma Universidade Católica?*, se feita a um teólogo como Gustavo Gutierrez, como Thomas H. Groome, como Frei Betto, como Leonardo Boff, de um lado e, de outro, a um teólogo conservador, tradicionalista, que dicotomiza, sem cerimônia, mundanidade de transcendentalidade; história de meta-história.

A mesma pergunta feita a pessoas com diferentes, às vezes radicalmente diferentes, leituras de mundo, não pode ter a mesma resposta. Por outro lado, a mesma pergunta feita a um teólogo da libertação radicado no nordeste brasileiro teria substantivamente a mesma resposta que a ela daria um teólogo norte-americano radicado em Boston, mas, necessariamente, haveria dimensões fundamentais em que as respostas se diferenciariam. Desta forma, do ponto de vista da compreensão e explicitação de sua presença como cristãos na História em suas relações com a meta-história, estariam coincidentes. Do ponto de vista, porém, das exigências de seus contextos histórico-culturais, econômicos, sociais, políticos, teriam que diferenciar-se ao apontar tarefas indispensáveis a uma área como a do nordeste brasileiro em comparação com as exigências de um centro como Boston, na Nova Inglaterra.

Sua maneira de entender as relações contraditórias entre mundanidade e transcendentalidade, de acordo com a qual não é possível chegar lá sem fazer a *travessia* por *aqui;* sua convicção de que é inviável *atravessar* sem ser *"atravessado"* pelo tempo-espaço que se atravessa os leva a jamais abandonar o reconhecimento da importância da mundanidade. Afinal, a adoção da posição cristã não se dá na transcendentalidade mas na mundanidade; não se faz na meta-história, mas na história, não se processa *lá,* mas *aqui.* Sua compreensão dos seres humanos como seres históricos, finitos, inconclusos, mas conscientes de sua inconclusão, os faz reconhecer homens e mulheres como seres inseridos em permanente busca e como seres que se fazem e refazem socialmente na busca que fazem. E, como ninguém busca no vazio mas num contexto tempo-espacial, quem busca é tão marcado pelas condições em que busca quanto quem faz travessia é atravessado pelo tempo-espaço que atravessa.

Possivelmente, por outro lado, o teólogo conservador do Recife coincidiria com o teólogo conservador de Boston no seu esforço antidialético de separar mundanidade de transcendentalidade. Terminariam por quase "desencarnar" mulheres e homens reduzidos então a puras abstrações. A História, as condições concretas de vida, as tradições culturais em pouco ou em quase nada contariam.

O mundo, em última análise, é a simples travessia em que o fundamental é a luta, sem embates, a não ser os que se dão na intimidade da consciência moral de cada um ou de cada uma, em favor da vitória do bem sobre o mal.

Para quem entende e vive a História como tempo de possibilidade, independentemente de se é mulher ou homem de fé, o papel dos seres humanos no mundo como sujeitos e objetos da própria história é outro. Não importa se, para elas e eles há transcendentalidade ou não, vivendo a história como tempo de possibilidade necessariamente recusam qualquer determinismo que, submetendo e minimizando a liberdade, proclama a inexorabilidade do amanhã. Por isso é que, para quem crê, nesta perspectiva, Deus é uma "Presença na História", mas uma Presença que não nos proíbe de fazer História. É uma Presença que não nos imobiliza para que se faça a História que nos cabe fazer.

É interessante observar como há uma coerência, sublinhada pelos que creem numa perspectiva crítica, no Absoluto, que tem em sua criação o limite a seu poder. Seria, na verdade, uma contradição, e o Absoluto não pode se contradizer se, viabilizando criaturas livres, as manipulasse em nome de sua salvação. Isto é artimanha de seres finitos, não papel a que se preste Deus. Enquanto Absoluto sua coerência é absoluta. Não necessita, assim, da incoerência para reconhecer a coerência e a sua necessidade. Dessa forma é impensável surpreender o Absoluto envolvido em tramas típicas de seres finitos e limitados. Se, de um lado, não seria possível conceber, sequer, a História das mulheres e dos homens condicionando o Absoluto, não seria, do outro, inteligível conceber o Absoluto rompendo sua coerência total ao imiscuir-se na vida individual e social dos seres humanos, a não ser através da Graça, em que a liberdade humana queda respeitada. Isto não significa ser neutro o Absoluto. De sua não neutralidade deu testemunho através da encarnação do VERBO, com a qual testemunhou igualmente a impossibilidade de dicotomia entre transcendentalidade e mundanidade, História e meta-História.

Faço estas considerações preliminares para enfatizar o malogro, na análise das tarefas de uma Universidade Católica, que implica não levar em consideração as opções político-teológicas dos seus responsáveis. Dos que preponderantemente fazem o seu perfil, projetam sua política de ensino, de pesquisa, de extensão. O que quero dizer é que a própria compreensão da pesquisa, da docência, da extensão está sujeita às opções antes referidas. Não se faz pesquisa, não se faz docência como não se faz extensão como se fossem práticas neutras. Preciso saber a favor de que e de quem, portanto contra que e contra quem, pesquiso, ensino ou me envolvo em atividade mais além dos muros da Universidade. Em suma, a pergunta em torno das tarefas de uma Universidade Católica não pode ter uma resposta universal que seja a resposta. A própria especificidade da Universidade Católica que a singulariza em face de outras universidades privadas ou públicas é trabalhada de forma diferente se o poder que a governa se orienta numa perspectiva progressista ou tradicionalista.

Como, por questões éticas e, por que não, estéticas também, a que junto minha formação no seio da família cristã, desde muito jovem venho reagindo quase instintivamente contra as injustiças, contra os preconceitos de toda espécie, contra as ofensas, a dominação, o arbítrio, a arrogância, a imposição de ideias ou crenças, contra o desrespeito e contra o desprezo aos fracos e como me venho firmando ao mesmo tempo em opções progressistas, democráticas, abertas, radicais, jamais sectárias, falarei aqui de algumas tarefas a serem cumpridas por uma Universidade Católica, na perspectiva em que me situo. Na perspectiva que venho chamando pós-modernamente progressista porque há também uma pós-modernidade ironicamente tradicionalista. É interessante observar como a realização dessas tarefas implica o exercício de certas virtudes ou qualidades que, se crítica e autenticamente assumidas na história, continuam jovens e atuais.

Uma dessas virtudes a que gostaria de fazer referência agora e sem cuja efetivação a Universidade Católica progressista se perde por perder o endereço e vira então tradicionalista, reacionária, é a tolerância. É a virtude cuja prática nos ensina a conviver com o diferente, sem que isto deva significar a desistência por parte dos diferentes de continuar defendendo suas posições. Não. A tolerância significa apenas que os diferentes têm o direito de continuar diferentes e o direito de aprender de suas diferenças. Diferenças de natureza religiosa, cultural, sexual, político-ideológica, diferenças raciais, de classe.

A tolerância não pretende negar nem tampouco esconder os possíveis conflitos entre os diferentes nem por outro lado, desconhecer que há diferentes que são mais do que diferentes porque são antagônicos entre si. O que a tolerância pretende é a convivência possível, respeitadas as diferenças dos que convivem. Tanto mais democrática uma universidade quanto mais tolerante, quanto mais se abre à compreensão dos diferentes, quanto mais se pode tornar objeto da compreensão dos demais.

No fundo, a tolerância que deve informar as tarefas diversas da Universidade, a docência, a pesquisa, a extensão; as relações entre as faculdades, as relações entre os diferentes Departamentos e ou Programas é algo a ser perseguido por todos e todas que a entendem indispensável à vida universitária.

Sem a humildade, porém, a tolerância não se viabiliza. Na medida em que a diferença me leva a comparar e a valorar em favor de mim, preciso, não propriamente mentir a mim mesmo, escondendo possíveis qualidades ou talentos que tenha, mas não me pensar superior aos demais. Preciso não me superestimar nem subestimar os outros. Preciso, sobretudo, não ter raiva só em pensar que o outro pode ser tão capaz quanto eu ou mais brilhante do que eu, mais criador, mais presente do que eu.

Intolerância e arrogância andam de mãos dadas da mesma forma que se completam tolerância e humildade.

O ambiente acadêmico vive cheio de intolerância pela escassez de humildade que nos caracteriza. A inveja do brilho do outro ou da outra; o medo de perder nosso pequeno mundo de admiradores, atraídos por luz nova que possa surgir, ou o medo de não criá-lo, a insegurança em nós mesmos, tudo isso nos impermeabiliza à experiência da tolerância como da humildade. E quanto mais distantes delas ficamos tanto mais difícil se torna a sabedoria que nos deixa sempre quietos na inquietude, sempre pacientes na impaciência.

É nesse sentido que uma Universidade Católica que viva e testemunhe a tolerância, não tendo por que deixar de ser católica, não precisa nem deve discriminar estudantes, professores, pesquisadores de outras profissões de fé ou indiferentes a ela. Sua abertura ao mundo é uma abertura compreensiva das diferenças religiosas, das diferentes leituras de mundo, dos diferentes gostos estéticos, das diferentes posições ideológicas. Sua abertura ao mundo é uma abertura compreensiva do progresso da ciência, que descarte o cientificismo do progresso da tecnologia, vista criticamente, quer dizer, nem negada como algo diabólico, nem aclamada como algo que se diviniza. Sem perder sua especificidade, a Universidade Católica, pós-modernamente progressista, encontra a razão de ser para suas certezas muito mais na tolerância que a faz crescer no respeito a outras certezas do que nas posições sectárias que negam o direito aos outros de pensar diferentemente.

O grande problema que tem uma administração universitária com este sonho está em como converter professoras e professores autoritários à utopia do respeito democrático.

O próprio exercício dessa tentativa de "conversão" político-pedagógica é um ou deve ser um testemunho de tolerância.

Outra tarefa de uma tal universidade compreendida em sua tríplice atividade, a da docência, a da pesquisa e a da extensão é a de não apenas manifestar mas viver a busca permanente da paixão da curiosidade. Não se ensina esta paixão a não ser vivendo-a e possibilitando que os outros a vivam. Quanto melhor a experimento tanto mais facilmente posso fazê-la voltar-se sobre si mesma, tendo a assim como sujeito e objeto de si própria. A curiosidade de que falo não é, obviamente, a curiosidade "desarmada" com que olho as nuvens que se movem rápidas, alongando-se uma nas outras, no fundo azul do céu. É a curiosidade metódica, exigente, que, tomando distância do seu objeto, dele se aproxima para conhecê-lo e dele falar prudentemente. É a curiosidade epistemológica. Sem ela, que jamais cansa ou desiste, não é possível a própria existência humana tal qual vem sendo. Sem a curiosidade que será tão mais eficaz quanto jamais despreze a imaginação, traímos o ser que vimos sendo.

Na verdade, não podemos viver senão em função do amanhã, daí o ser da curiosidade, da imaginação, da invenção que não podemos deixar de estar sendo.

E não se pense e não se diga que a imaginação e a criação são o domínio próprio do artista enquanto ao cientista cabe o desvelamento ou a desocultação de verdades preestabelecidas.

A curiosidade epistemológica não se deixa isentar da imaginação criadora no processo de desocultação da verdade. O ser humano é uma totalidade que recusa ser dicotomizada. É como uma inteireza que operamos o mundo enquanto cientistas ou artistas, enquanto presenças imaginativas, críticas ou ingênuas.

É por isso também que a educação será tão mais plena quanto mais esteja sendo um ato de conhecimento, um ato político, um compromisso ético e uma experiência estética.

Chegamos assim a uma outra tarefa que deve ser cara à Universidade nesta perspectiva pós-modernamente progressista. Tarefa que se acha ligada à anterior e que, na verdade, é sua extensão. Refiro-me à tarefa, não importa qual seja a atividade universitária — a da docência, a da pesquisa ou a da extensão — de desocultar verdades e sublinhar bonitezas. Mas, aqui tanto quanto em qualquer outro momento da Universidade, se impõe a tolerância. Desocultar a verdade ou sublinhar a boniteza não podem ser exercícios intolerantes. Sublinhar, por exemplo, a boniteza de forma intolerante já é, em si, uma feiura. Como feiura é falar da verdade que se desoculta sem nenhum respeito a quem desoculta diferentemente, quase como quem oculta.

Não confundo, porém, respeito ao outro ou à sua verdade, com conivência com sua forma de negar a verdade. É preciso inclusive deixar claro que o meu respeito à sua posição não significa condescendência de minha parte.

Respeito o direito que tem alguém de dizer que Deus é o responsável pela miséria do Nordeste brasileiro ou pela miséria moral na pobreza material dos guetos de negros nos Estados Unidos, mas luto com toda a força que tenha para provar que essa é uma falsa afirmação. Que não é bonita nem verdadeira, nem ética, por isso mesmo.

Este esforço de desocultar verdades e sublinhar bonitezas une, em lugar de afastar, como antagônicas, a formação científica com a artística. O estético, o ético, o político não podem estar ausentes nem da formação nem da prática científica.

Quanto mais vivamos esta unidade, na docência, na pesquisa como na extensão, tanto mais faremos transparente a universidade.

Me plenifico, na minha missão de educador quando, "brigando" para convencer os educandos do acerto de minha desocultação, me torno transparente eu mesmo ao revelar o meu respeito, primeiro, à recusa possível dos educandos a meu discurso, segundo, o meu respeito à sua antiverdade, com a qual recuso a conviver. Me plenifico na minha missão de educador quando revelo, finalmente, minha tolerância em face dos diferentes de mim.

Ao contrário, desmereço minha missão de educador e a mim mesmo se, em nome do respeito aos educandos, silenciar minhas opções políticas e meus sonhos ou se, em nome de minha autoridade de educador, pretender impor a eles meus critérios de verdade.

O que me parece fundamental neste respeito às diferenças é o testemunho, por um lado, de que é possível pensar sem prescrições, não só possível mas sobretudo necessário, e, por outro, que é factível aprender sob o desafio de diferentes formas de ler o mundo.

Este respeito sobre que tanto insisto, não pode ser reduzido a uma indecisão irresponsável, a um afrouxamento licencioso, a um vale-tudo. Daí que eu tenha falado na "briga" legítima do educador ou da educadora em defesa de seu sonho como em defesa da verdade por que se bate ou da utopia que o move ou a move.

A paixão da curiosidade, a desocultação da verdade, o gosto da boniteza, a transparência em tudo o que diz, em tudo o que busca e em tudo o que faz devem, a meu ver, caracterizar uma universidade que, sendo católica, não menospreza os que não o são ou que, não sendo católica não se sente mal com a existência da que é.

Paulo Freire
Villanova University
Pensilvânia, EUA, 1992

Títulos de Paulo Freire editados pela Paz e Terra

À sombra desta mangueira
Ação cultural para a liberdade — e outros escritos
A África ensinando a gente — Angola, Guiné-Bissau, São Tomé e Príncipe (Paulo Freire e Sérgio Guimarães)
Alfabetização: leitura do mundo, leitura da palavra (Paulo Freire e Donaldo Macedo)
Aprendendo com a própria história (Paulo Freire e Sérgio Guimarães)
Cartas a Cristina — reflexões sobre minha vida e minha práxis
Cartas à Guiné-Bissau — registros de uma experiência em processo
Dialogando com a própria história (Paulo Freire e Sérgio Guimarães)
Educação como prática da liberdade
Educação e mudança
Educar com a mídia — novos diálogos sobre educação (Paulo Freire e Sérgio Guimarães)
Extensão ou comunicação?
Lições de casa — últimos diálogos sobre educação (Paulo Freire e Sérgio Guimarães) (título anterior: *Sobre educação*: Lições de casa)
Medo e ousadia — o cotidiano do professor (Paulo Freire e Ira Shor)
Nós dois (Paulo Freire e Nita Freire)
Partir da Infância — diálogos sobre educação (Paulo Freire e Sérgio Guimarães)
Pedagogia da autonomia — saberes necessários à prática educativa
Pedagogia da esperança — um reencontro com a pedagogia do oprimido
Pedagogia da indignação — cartas pedagógicas e outros escritos

Pedagogia da libertação em Paulo Freire (Nita Freire *et al.*)
Pedagogia da solidariedade (Paulo Freire, Nita Freire e Walter Ferreira de Oliveira)
Pedagogia da tolerância
Pedagogia do compromisso: América Latina e Educação Popular
Pedagogia do oprimido
Pedagogia dos sonhos possíveis
Política e educação
Por uma pedagogia da pergunta (Paulo Freire e Antonio Faundez)
Professora, sim; tia, não
Sobre educação vol. 2 (Paulo Freire e Sérgio Guimarães)

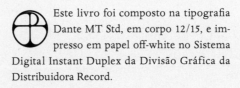 Este livro foi composto na tipografia Dante MT Std, em corpo 12/15, e impresso em papel off-white no Sistema Digital Instant Duplex da Divisão Gráfica da Distribuidora Record.